語文教學叢書

曉研夜蓺集
——建中十年國文教學與研究

劉崇義　著

目次

四 範文欣賞

五 教材探賾

附錄

跋

推薦序

文以載道　語利表達

　　民國一〇一年國中基測作文成績，根據統計，在累計十八萬六百八十九人當中，有二千五百位的作文零分，約佔總人數的百分之一‧三九，其中一千位作文完全空白，八百位只抄了題目，餘則雖寫有文字，卻被評為零分，可見，不少學生的作文能力的確嚴重不足。

　　再盱衡實際，文字運用表達能力不足，不只見之於國中基測作文，前些日，還讀到某國小學生在給爸爸的父親節賀卡上寫著：「爸爸父親節快樂，祝爸爸一路好走」的尷尬表白，其實，小學生的錯誤或許勉可原諒，但歷練多時的媒體人報導說：「我身後的景物⋯⋯」；堂堂公務機關函發的信件寫著 XXX 先生敬啟」；大機關寫著「XXX 大樓破土典禮」，不也同樣叫人感慨嗎？

　　學生作文零分，任懷鳴先生一〇二年七月二十六日在《臺灣立報》感慨地說這麼多孩子作文零分，為什麼得不到重視？而社會上常見不少語文錯用，不也很少得到關注嗎？這大概是有心人的擔心和疑惑吧！

　　不過，仔細探究，學子語文程度低落，早有不少有識之士大聲疾呼、展開行動、力圖挽救，幾年下來，似乎也慢慢看到一些成效。

　　作者建國中學退休的老同事崇義師就是其中一位非常有心、非常有使命感的伙伴。長年以來，他堅持本分，積極發揮身為國文老師的

角色功能，不但用心教學且為充分展現教學能量、收到教學效果，崇義師利用課餘時間，蒐集資料、精研語文教學方法、詩歌散文析賞，乃至語文、語法教學和作文方法等，還出版專書，無非希望研發更多、更深刻、更有效的教學參考方略教好學生，教出較為理想的語文程度，如此用心，值得肯定。

最近，崇義師又將他近十年來鑽研語文專書的心得、成果分「修辭教學」、「考據校勘」、「寫作美學」、「散文欣賞」乃至將高中六冊國文教材之疑義舉例剖析探討的「教材檢討」等精心著作都為一集，期以廣為流傳、分享同好，為語文教學再盡心力，並紀念自己「教學三十年」，殊屬難得。作者深知「文以載道　語利表達」，惟，缺乏語文專長，不敢評論，只以一位教育人的執著來看，教師廣泛閱讀、用心研發，可厚植教學基礎、導引學習興味、增進有效教學、擴大學習效果，對學校學術氛圍、學生學習文化和整體教學品質之提升，極有助益。本書可為語文同好參考運用，作者在拜讀之餘，深感佩服，樂為之序。

李　錫　津

序於嘉義市政府

推薦序

博雅君子劉崇義的書與人

　　民國五十九年，初執教鞭，我任教臺北市大直中學。這是一所剛成立不久的學府，運用省訓團舊址，改建為社區中學，校內花木扶疏，進門右邊有蔣公中正親筆題款的「中正堂」，左邊有令人驚豔的「五彩蓮花池」。

　　這所學校建校不久，因應九年國教需求，改為專收男生的大直國中。在首任校長葉金成先生的領導下朝氣蓬勃，教師與行政人員團結和諧，互相砥礪培養優良的校風，校長要我在中央川堂大鏡兩側書寫對聯，秉持學校的教育理念，我鑲嵌「大直」二字，上聯書寫「大振雄風，行健不息；」下聯書寫「直師孔孟，德慧雙修」，橫批「愛國愛校」。

　　擔任大直國中訓育組長、訓導主任期間，除了導師班的學生之外，讓我印象最深刻的學生就是劉崇義，他身材健碩、活潑開朗，又會讀書又會做事，是訓導處最得力的學生幹部，從此結了四十多年的師生情誼。

　　崇義君高雄師大畢業之後，投身教育工作三十餘年，在國中任教二十年、高中任教十餘年，他本著「教育愛、責任感、榮譽心」的教育精神，在校園裡做一名有教無類的快樂園丁。他用心備課，創新教學，懷抱著愛心在每堂課中散播著善良的種子，為學生點燃了一盞又

一盞的心燈。他讓學生喜歡上課，而且時時有期待，常常有驚喜，師生陶醉在知識與智慧的領域中。他是一位用心備課、用心研究、用心寫作，又用心教學的好老師，也是一位備受學校同仁與學生家長讚譽的優良教師。

崇義老師教學之餘，深刻體會「學然後知不足」以及「教學相長」的道理，辛勤苦讀、備課之外，回臺北任教，還常常到臺師大及臺灣大學旁聽多年，並且申請進入臺師大國文研究所進修結業，他的用功與用心由此可見。熱心教學之餘，他辛勤筆耕，寫出一篇又一篇膾炙人口的好文章。他的作品經常出現在國語日報、國文天地及學術期刊，他的語文作品榮獲第二十三屆中國語文獎章，學術著作三度榮獲教育部中小學教師人文及社會學科著作獎，又多次榮獲研究著作獎，他的單篇論文同樣多次榮獲語文論文獎與專題論文獎。

教學與寫作是崇義老師此生的最大樂趣。他任教的前二十年，擔任國民中學國文老師，為了引導學生熱愛中國文學，他指導學生編輯班刊，並且製作錄影帶記錄師生的活動，同時也出版了紀念教學二十年的專書《國語文教與學論集》，熱愛教學與學術研究，由此得到了印證。

民國八十六年，崇義老師回到母校建國中學擔任國文教席，為了回饋母校的栽培及提攜後起之秀，加倍努力教材研究與學術探討。《曉研夜蓺集》的出書問世，即是建國中學教學十年的論文選集，也是紀念教學三十年的成果發表。

《曉研夜蓺集》書名出自清人王文治對聯：「曉研花露臨帖，夜蓺蘭膏撿書」，由本書的命名，可見崇義老師篤信好學，學問濟世的精神。

本書內容有：修辭教學、考據校勘、寫作美學、範文欣賞、教材檢討及附錄等單元。

　　本書係劉崇義老師教學三十年的心血結晶，細讀之餘，發現具有下列各項特色：

一、第二單元修辭教學收錄有〈木蘭詩中的互文辭格考察〉、〈互文及其相關辭格的辨析〉、〈合敘法在高中國文教材中的運用〉、〈師說中被誤解的修辭〉等四篇論文。崇義老師對「互文」與「合敘法」的定義、種類、特點及運用，有中肯的論述，對於海峽兩岸三地教科書有歧異的地方，能提出有力論證，辨析是非，得到真相。

二、崇義老師治學嚴謹，精通考據校勘之學，主張學術探討與寫作不僅要「言之有物」，還要「言之有真」，第一單元論文以「考據校勘之學」、「求真」的精神，求之史料，訂正教科書中的錯誤，可見本書作者博通文史哲的功力。

三、從事中國語文教學，既要有傳統古典文學的涵養，也要有現代文藝美學的素養，崇義老師第三單元論述譬喻法、審美意象，第四單元範文欣賞，有頗多美文的實例與賞析，對於學生寫作技巧的啟發，有水到渠成的效益。

四、語文能力是國家競爭力的基石，教育培養人才，人才決定國家的未來。好的教育需要有好的教師與教材，第五單元檢討「高中國文教材」，崇義老師本著「求真求善」的精神，希望教材的編纂與註釋做到盡善盡美。「教育無它，唯有愛與關懷」，本書作者的「教育愛、責任感、榮譽感」值得肯定。

五、本書的寫作目的在於分享中國語文教學經驗，付印發行，不但適合中小學教師的參考，也適用於關心教育者的瞭解與運用。凡我熱愛中國語文教學的教育者盍興乎來，同心協力，為國家的教育盡心盡力。

　　我與本書作者亦師亦友，相識相知四十多年。劉老師的努力與用

心，一向得到師友們的肯定；他的教育奉獻也深得眾多學生的敬愛。
值此新書即將付梓之際，我以崇義為榮，樂意為之作序，希望本書的
發行，能夠得到更多社會大眾的迴響。

陳 光 憲

德明財經科技大學前校長
臺北市立教育大學副校長
臺北市立教育大學應用語言文學研究所所長
臺北市立大學博碩士生指導教授
序於臺北市大直明水寓所

推薦序

研究理論轉化為教學

　　劉崇義，畢業於國立高雄師範大學國文系，卒業於國立臺灣師範大學國文研究所碩士四十學分班，若有學位論文，即可榮獲碩士學位。爾後，教育部准於各大學招生研究所碩士專班、教學碩士班。劉氏忙於教務、家務，無法分身就讀。如今各校同意補學位論文，視同碩士，可報名博士班入學考試。

　　劉氏教學之餘，勤於閱讀與寫作。逸廬說：「深入的研究，淺出的教學。」於是劉氏以「國文教學與研究」為題，參與學術研討會發表論文，有系統地發表單篇論文於期刊，皆符合論文規格。全書除緒論、結論外，主要闡析考據校勘、修辭教學、寫作美學、範文析論、教材探頤，先深入研究考據校勘，再轉化為淺出教學，將理論化為實踐。有人說：「真理是要經過檢驗。」逸廬也說：「理論透過力行，才是真實的理論；力行依據理論，才是真知的力行。」理論與實踐，如同知行合一。王陽明說：「知是行之始，行是知之成。」劉氏既知理論，又知實踐。理論與實踐合一，知行並重，才能創造真知灼見，擲地有聲，有口皆碑的學術水平。如此，既有學術價值，又有教育教價值，更有實用價值，三者具備，學術水平尤更高更深受學術界肯定。

　　劉氏潛心研究，勤於教學、寫作，將研究理論轉化為教學，既提升教學品質，又提高研究價值。劉氏研究甚勤，深具研究潛力，假以

時日，研究水平賡續提高，研究成果必定卓越，是以特為之序，勉旃！

蔡 宗 陽

序於二〇一三年十一月二十四日
國立臺灣師範大學國文研究所

一
考據校勘

高中範文應注重校勘探驪

一　緒論

　　由國立編譯館主編高中國文，已於民國九十年六月正式走入歷史。回顧國立編譯館從民國四十二年起，發行所謂的「標準本」（或稱統編本），歷經「修訂本」、「新修訂本」、「新編本」、及「改編本」，其間動用許多知名教授、專家、教師，共同編寫。其目的無非是編輯一份完善的教科書。他們歷年來所付出的心血與努力，是值得肯定與欽佩的。

　　由於民國八十八學年度開放由民間出版教科書，所謂的「審訂本」大量出現，其中有種現象發生，就是「審訂本」沿用了許多「部編本」（指由國立編譯館所主編的）範文，然而卻存在一些問題，曾擔任總校訂的教授黃錦鋐先生明確指出：

> 　　就教材的選配來說，因為有課程標準為依據，文言、語體的比例，各年級深淺的配置，各書局都有精心設計。符合教學要求。但對於教材的內容，多從各文集或舊教科書中選取。因襲舊文，未曾加以注意，過去的錯誤，仍然存在。這種現象，有兩種情形，一是標點問題，一是文字校訂問題。[1]

1　黃錦鋐撰：〈高中國文教科書的過去、現在與未來〉，《人文及社會學科教學通訊》，第 11 卷第 3 期（總第 63 期，2000 年 10 月），頁 22。

因此，我們從黃教授所言，可以深切了解到：過去所使用的「部編本」仍存有一些錯誤，而現行的「審訂本」選取「部編本」的範文，只是照本宣科，完全一字不漏地選用，並沒有重新考訂範文的工作，以致「部編本」存在的一些錯誤，重新出現在「審訂本」上面。同時，我們也深刻認識到，「部編本」雖然歷程不少的專家、學者、教師努力地經營之下，仍然避免不了一些錯誤，可見得編輯教科書是一項多麼艱巨的工作。

我們都了解到教科書的重要性，誠然黃錦鋐教授說道：

> 國文教科書，在國文教學中，佔著很重要的地位，它是教學方法的依據，也是學生練習寫作的範本。[2]

教科書既然是教學的依據，學生學習的範本，因此教科書的範文是絕對不容許有錯誤的。如今我們的「審訂本」出現一些錯誤，固然需要改正，更重的是對整個範文，在選取時，必須作一番校勘的工作，來確保範文的正確性，這才是當前的急務。

筆者不揣淺陋，就過去「部編本」的範文，進行校勘，除了發現問題之外，並歸納一些方法原則，來降低範文的錯誤，提供「審訂本」參考，這是本文寫作的目的。

二 「校勘」的重要

所謂「校勘」，依據程千帆，徐有富兩位先生說道：

> 簡而言之，所謂校勘就是改正書面材料上由於種種原因而形成

　　的字句篇章上的錯誤，使之恢復或接近本來面目。[3]

可知，校勘的目的是要恢復作品的原來面貌，由於作品歷來久遠，傳抄、翻刻等等的原因，以致作品發生異文、漏改等等現象，因此，必須藉助校勘來還作品原貌。

　　如果作品沒有經過「校勘」，會產生誤解。例如在高中國文第二冊第一課　國父所寫的〈黃花岡烈士事略序〉一文，茲依據中國國民黨黨史會所珍藏的原稿〈黃花岡烈士事略序〉[4]來進行校勘，發現如下：

　　異文：範文「竝壽」的「竝」，黨史本作「並」；範文「建修」的「修」，黨史本作「脩」；範文「事略」的「略」，黨史本作「畧」；範文「記載」的「記」，黨史本作「紀」；範文「可考」的「考」，黨史本作「攷」；範文「黃花岡」的「岡」，黨史本作「崗」；範文「杌陧」的「陧」，黨史本作「隉」；範文「感慨」的「慨」，黨史本作「嘅」；範文「予為斯序」的「予」，黨史本作「余」；範文「並以為」的「並」，黨史本作「并」。

　　這些異文可分兩項說明：

（一）可相通的字：「竝、並」、「修、脩」、「略、畧」、「記、紀」、
　　　　「考、攷」、「岡、崗」、「慨、嘅」、「予、余」、「並、并」。

（二）不可相通的字：「陧」、「隉」。此兩字音相同，但是用法不同，
　　　　用「陧」字可配合「杌、阢」；而用「隉」字，可配合「䣋」，
　　　　因此範文「杌陧」是對的，而用「杌隉」是不對的。

經過校勘可以得知，黨史本的原稿，除了「隉」字誤用外，其他的字皆無誤。因此範文要還其原貌，可不必改動那些相通的字，而改正誤

3　程千帆、徐有富撰：《校讎廣義・校勘編》（濟南市：齊魯書社，1998年），頁3。
4　孫文撰：〈黃花岡烈士序〉。

用的字即可。

如果說教科書是採用黨史本的原稿進行校勘而訂正的，那麼除了校正「凱」字外，相通的字也可不必改。因此，筆者認為教科書並沒有以黨史本的原稿作校勘，所以範文若採用黨史本，除了恢復原貌外，並進行校正錯誤，即是完善的範文。

由於拿出黨史本才知道，範文並不是作品的原貌，同時也發覺黨史本的誤字，這些可資證明校勘的重要性。

三　範文應如何注重校勘

回顧「部編本」，也很注重校勘範文，例如，第五冊第六課魏徵的〈諫太宗十思疏〉一文，其中「怨不在大，可畏惟人」的「人」字，注釋解說：

「人　民。唐代避太宗李世民的名諱，凡用『民』字的地方都改用『人』字」。又例如第六冊第九課韓非的〈觀行〉一文，其中「有賁、育之疆，而無法，術，不得長生。」的「長生」，注釋解說：

長生　為「長勝」之誤。

又其中「聖賢之撲淺深矣。」的「淺」字，注釋解說：

淺深，淺字衍文。

雖然校勘的錯誤可以接受，但是可惜一些地方沒有將原因說明；同時，「部編本」也有遺漏的部分沒有校勘，茲整理並提出應注重校勘的原則，就教方家。

（一）核對原文，可避免錯誤

找出範文的出處，及範文引用原文，即可發現錯誤。

1　找出衍文

例如，第一冊第五課顧炎武的〈廉恥〉一文，開頭「五代史馮道傳論曰：『……況為大臣而無所不取，無所不為，則天下其有不亂，國家其有不亡者乎？』」其中「無所不為」，核對《新五代史・雜傳》[5]，並沒有「無所」，可見是作者引文時，自己加上「無所」兩字，雖然意思沒有變，但是引用文章，必須照實登錄，不能任意添加，因此核對原文，即可查出真相，又例如，第五冊第十四課王守仁的〈訓蒙大意〉一文，其中「且吾亦將去此；故特叮嚀，以告爾諸教讀。」的「將去此」，核對《四庫全書・王文成全書》[6]，發現作「將去」，並無「此」字。雖然文義上「將去此」、「將去」無差異，但是原文無此字，應該不宜隨便添加字。

2　找出誤字

前面提到　國父的〈黃花岡烈士事略序〉一文，改動原文外，在第五冊第一課胡適的〈社會的不朽論〉一文，其中引用范縝的話，說道：「神之於形，猶利之利刀；未聞刀沒而利存，豈容形亡而神在？」的「神之於形」，核對《全上古三代漢魏三國六朝文・全課文》[7]，發現作「神之於質」，「質」被作者改為「形」。依據王國軒先

5　（宋）歐陽修撰：《新校本五代史》（臺北市：鼎文書局，1998 年），頁 611。

6　（明）王守仁撰：《王文成全書》（臺北市：臺灣商務印書館，《景印文淵閣四庫全書》第 1266 冊，1987 年），頁 78。

7　（清）嚴可均校輯：《全上古三代秦漢三國六朝文・全課文》（北京市：中華書

生闡釋說：

> 所謂「質」，就是實體、實質的意思，「用」則是指功用、作
> 用。引申之，質則指主體，用則指派生。這就是說，形是實
> 體，是神的主體；神是作用，是由形派生出來的。[8]

雖然說「質」與「形」意思可通，但是原文是「神之於質」應不容更
改較宜。又例如，第六冊第六課梁實秋的〈舊〉一文，其中「才能有
『樹林陰翳，鳥聲上下』之趣」，「樹林陰翳，鳥聲上下」是引用歐陽
脩的〈醉翁亭記〉；恰巧〈醉翁亭記〉在第五冊第五課，而引用的
「鳥聲」卻是「鳴聲」，雖然意思差不多，但是原文卻是不容更改。
因此能將原文核對，作者改動原文的錯誤，立刻顯現出來。

3 找出缺字

　　例如，第一冊第二課韓愈的〈師說〉一文，其中引孔子的話：
　　「孔子曰：『三人行，則必有我師。』」該句出於《論語·述而
篇》，不過原文是：「孔子曰：『三人行，必有我師焉，擇其善者而從
之，其不善者而改之。』」[9]明顯地可知作者是引用前面的兩句話，但
是缺了「焉」字，多了衍文「則」字。此處要說明缺「焉」字，因為
範文前面說到「聖人無常師：孔子師郯子、萇弘、師襄、老聃」，孔
子到處拜師學藝，因此「三人行，必有我師焉」的「師焉」即指到處
拜師，所以作者引用孔子的話來證明。文章前後呼應；如果範文說
「三人行，必有我師」的「我師」就沒有呼應前文孔子到處拜師學藝

局，1987 年 3 月），頁 3209。

8　王國軒撰：《范縝》（北京市：中華書局，1984 年），頁 17-18。

9　（漢）司馬遷撰，（劉宋）裴駰集解，（唐）司馬貞索隱，（唐）張守節正義：《新
　　校本史記三家注·李斯列傳》，頁 2544。

的事，所以要把孔子的話引用，就必須如實引用，不得缺了「焉」字，多了衍文「則」字。

4　找出倒文

例如，第三冊第十課李斯的〈諫逐客書〉，其中「然則是所重者在乎，色樂珠玉，而所輕者在乎民人也！」的「民人」，依據《史記·李斯列傳》[10]作「人民」。「民人」、「人民」乍看之下沒有異狀，但是核對原文才能找到真錯誤。

（二）對校原文，可避免錯誤

有時候核對原文，看不出錯誤，就必須藉助異本，上下文，他書引文等方式來進行對比，才可能發覺真相。

1　找出誤字

例如，第三冊第十一課選自《呂氏春秋》的〈察今〉一文，其中末尾「亂國之為政，有位於此。」依據陳奇猷先生的校釋，他說：

> 范耕研曰：按即指上文循表涉水之事而言。許維遹曰：呂覽纂「荊」作「亂」。奇猷案：范說是：意林引「荊」作「楚」，義同，明唐本呂氏不作「亂」也。[11]

可見末尾的話是就前文「荊人欲襲宋，使人先表澭水」而說的，因此範文「亂國」應改為「荊國」較宜。另外，在第五冊第十課酈道元的

10　（戰國）呂不韋等撰，陳奇猷校釋：《呂氏春秋校釋》（上海市：學林出版社，1984），頁 944。

11　（漢）桑欽撰，（後魏）酈道元注，楊守敬纂疏，熊會貞纂疏，段熙仲點校，陳橋驛復校：《水經注疏》（南京市：江蘇古籍出版社，1989 年）卷三十四，頁 2832。

〈水經江水注〉，其中「今灘上有石，或圓如簞，或方似尾」的
「尾」字，是誤字，宜改為「笥」字，依據熊會貞認為：

> 朱笥訛作屋，戴，趙同。會貞按：屋與簞不類，不得對舉，考
> 鄭玄《曲禮‧注》：圓曰簞，方曰笥。酈氏著本以為說，則屋
> 當作笥，今訂。[12]

這是依據古人行文的習慣，以類相舉，因此「簞」與「屋」不類，而
與「笥」同類。所以「屋」是誤字，宜改為「笥」。

2　找出缺字

　　例如，第五冊第七課司馬光的〈訓儉示康〉一文，其中「季文子
相三君，妾不衣帛，馬不食粟，君子以為忠。」的「忠」字前，漏了
「廉」字。該句話是參考並改寫《史記‧魯周公世家》的話，原文是
「五年，季文子卒，家無衣帛之妾，廄無食粟之馬，府無金玉，以相
三君，君子曰：『季文子廉忠矣』。」很明顯地，可以看出作者把
「廉」字漏寫。該文選自《傳家集》，《四庫全書》本，也沒有「廉」
字，不過卻可以從引用的原文加以核對，即可發現此處缺字。

3　找出衍文

　　例如，第六冊第七課賈誼的〈過秦論〉一文，其中「秦人開關延
敵，九國之師，逡巡遁逃而不敢進。」的「逡巡遁逃」，應為「逡
巡」或「逡遁」，「遁逃」是衍文，清代梁玉繩解說：

> 附案世家，文選無「逡巡」字，新書作「逡巡」，漢書作「遁

巡」，皆無作四字連文者。蓋遁即巡字，而遁之所以為巡，因遁與循同也，後人撰寫既誤遁為巡，又移遁配逃，增於逡巡之下，遂致文義重複，其實逡遁為逡巡之異文，謂九國遲疑不進爾，若云遁逃而走，即應大被追躡，豈得但言不敢進乎？[13]

可知，先從文義了解「九國之師「遁逃」與「不敢進」文義不合，再從引用版本無「逡巡遁逃」四字連在一起的，推知只有兩字。再從字形形似上推斷是「逡巡」或「逡遁」較合理。因此範文「逡巡遁逃」四字連用，不僅沒有校對，更與文義不合，值得商榷。所以範文應改為「逡巡」或「逡遁」，「遁逃」是衍文。

四　結語

範文要能完善，必須經過校勘，因此每一篇範文皆必須詳詳細細核對、對校，減少錯誤到沒有，才能確保範文的完善；有了完善的範文，才不會影響到教學的品質，更不會產生學生錯誤的學習。因此範文校勘的重要是不言而喻的。

筆者不揣淺陋，經過初步探討範文校勘，歸納應注重的原則如下：一、核對原文，可避免錯誤。可以找出（一）衍文、（二）誤字、（三）缺字、（四）倒文。二、對校原文，可避免錯誤，可以找出（一）誤字，（二）缺字，（三）衍文。最後呼籲編輯教材時，能注重校勘工作，多一分的校勘，教材就多一分的完善。

——原刊於《建中學報》，第八期，二〇〇二年十二月

---

13 （清）梁玉繩撰：《史記志疑》（臺北市：藝文印書館，1964 年）卷 5，頁 103。

參考文獻
（以引用先後為序）

1. 程千帆、徐有富著　《校讎廣義》　校勘編　濟南市　齊魯書社
　　1998 年

2. （宋）歐陽修撰　《新校本五代史》　臺北市　鼎文書局　1998 年

3. （明）王守仁撰　《王文成全書》　《景印文淵閣四庫全書》　臺
　　北市　臺灣商務印書館　1983 年

4. （清）嚴可均校輯　《全上古三代秦漢三國六朝文》　北京市　中
　　華書局　1987 年

5. 王國軒著　《范縝》　北京市　中華書局　1984 年

6. （漢）司馬遷撰　（劉宋）裴駰集解　（唐）司馬貞索隱　（唐）
　　張守節正義　《新校本史記三家注》　臺北市　鼎文書局
　　1998 年

7. （戰國）呂不韋等撰　陳奇猷校釋　《呂氏春秋校釋》　上海市
　　學林出版社　1984 年

8. （漢）桑欽撰，（後魏）酈道元注，楊守敬纂疏，熊會貞纂疏，段
　　熙仲點校，陳橋驛復校　《水經注疏》　南京市　江蘇
　　古籍出版社　1989 年

9. （清）梁玉繩撰　《史記志疑》　臺北市　藝文印書館　1964 年

言有物還要言有真

──對〈左忠毅公軼事〉一文的質疑

　　早在民國八十五年三月十日中央日報的〈長河〉朱令峪先生寫過〈如此桐城筆法？〉──對方苞〈左忠毅公軼事〉一文的質疑，其中，對於首段的史可法「衣衫單薄，竟然不知道掩戶禦寒？」及左公「豈能隨意叩問考生姓名，預作錄取之打算？」的懷疑；第二段的左公下獄，史可法「謀於禁卒，卒感焉」的疑惑；第三段的史公帶兵「每有警，輒數月不就寢，使將士更休，而自坐幄幕外，擇健卒十人，令二人蹲踞而背倚之……每寒夜起立，振衣裳，甲上冰霜迸落」的不可思議。而我卻有另一方面的質疑。

　　筆者對於方文有過於誇大的認為：例如首段描述左公入古寺遇史公的情形，而戴名世的描寫是：「一日，光斗夜歸，風寒雨雪，入可法室，見可法隱几假寐，二童子侍立於旁。光斗解衣覆之，勿令覺，其憐愛之如此。」（〈左忠毅公傳〉）相較之下，戴文平實合理，方文過於誇飾。

　　又例如首段左公「面署第一」的情形，戴文描寫「光斗為督學，可法以應童子試見光斗，光斗奇之，曰：『子異人也，他日名位當在吾上。』」相較之下，戴文以為左公在應童子試才認識史公，並未提到如何提拔他，而方苞為了要突顯左公愛才心切，才會「面署第一」。又例如第二段史公入獄探視左公的情形，戴文描寫「見光斗肢體已裂，抱之而泣，乃飯光斗。光斗呼可法而字之曰：『道鄰，宜厚

自愛,異日天下有事,吾望子為國柱石。自吾被禍,門生故吏,逆黨日邏而捕之。今子出身犯難,殉硜硜之之小節而攖奸人之鋒,我死,子必隨之,是再戮我也!』」

相較之下,戴文描述左公心平氣和對史公諄諄教誨,而方文的描述左公身體殘害慘不忍睹,以及左公怒斥史公尚摸刑械投擊史公的尖銳的場面,可見方文有意塑造左公到臨死前,仍然為國惜才、關心國是的信念。

列舉前面的例子可以很明顯的看出來,戴名世為左公寫傳,敘述平實,而方苞所寫則具有文學性、誇張性,難怪世人都比較青睞方文。例如錢鍾書評道:「蓋望谿、南山均如得死象之骨,各以己意揣想生象,而望谿更妙於添毫點睛,一篇跳出。」(《談藝錄》第三六四頁)。周振甫補充說道:「戴名世和方苞好比根據象骨來想像活的象,而方苞寫得更為精采。」[1]又例如楊德恩著《明史憲之先生可法年譜》及史元慶先生著《史可法年譜》均採用方文,而不採用戴文。這些現象在在顯示方文受到世人的肯定與讚賞。

方苞所寫〈左忠毅公軼事〉的「軼事」是「逸事者皆前史所述、後人所記,求諸異說,為益實多。」(《史通雜述》)主要的是能補足史傳失散或無記載的事跡為主。但是不能為補足史料而不顧及史料的真實性。筆者所提出的質疑即是文中的第四段「史公治兵,往來桐城,必躬造左公第,候太公、太母起居」不符合史實。

第一,「史公治兵,往來桐城」的時間在何時?

依據戴田有編的《子遺錄》記載,崇禎八年「八月,賊眾萬餘人自豫逼鳳陽,潁、亳大震。史可法命總兵許自強,率兵五千守桐,而自引兵三千至廬州當敵。」崇禎十年「二月……二十七日,賊北去。

---

[1] 周振甫撰:《詩文淺釋》(臺北市:木鐸出版社,1987年7月),頁322。

遺民逃匿者聞賊去多出，明日賊復回，多捕殺之。史可法引兵至桐，遇賊，大戰。救百姓千餘以還。」可知「史公治兵」在崇禎八年至十年皆在桐城。

第二，左公父、母親逝世於何時？

左公於明熹宗天啟五年三月十九日被捕入獄，七月二十九日絕命（見於馬其昶纂《左忠毅公年譜定本》）在天啟年間考中進士的倪元璐為左公的父親所寫的〈封太子少保都察院右副都御史碧巘左公墓誌銘〉，其中提到「中丞（即指左公）既用栲掠死……而公配周夫人以慟中丞死……公雖心哀之，泣下數行而已，而至是以天子命發薨更葬，禮成乃始仰天，大慟，慟已，又笑曰：『吾志甚遂，今可以死！』忽端坐瞑目，遂卒……公生於嘉靖己巳十月九日，卒於崇禎戊辰五月二十一日，享年八十有四。」從這段述說，可以知道左公的父母親為何會死以及什麼時候去世的，左公的母親在左公去世不久就痛哭而亡，時間在天啟五年，而左公的父親更明確，在崇禎戊辰年（即崇禎元年）逝世。

試問：史公在崇禎八年在桐城治兵，左公的父、母親均已先逝，如何能「必躬造左公第，候太公、太母起居」呢？

如果肯定這個質疑，方苞就是為了補充史公的軼事而採取到不真實的史料，嚴重違背「軼事」的撰寫準則。方苞主張「義法」的「義」所講的「言有物」，是否還要包括「言有真」比較好些呢？

——原刊於《國語日報》，二〇〇一年八月二十九日

司馬光〈訓儉示康〉一文的質疑

〈訓儉示康〉一文，今日讀起來格外有味。其中引用當朝（宋朝）前任兩位宰相、一位諫官，他們住家、生活水平的儉樸令人激賞，然而想到當今的政府高層，為了住宿的問題，少則數十萬，多則上百萬的租金、裝潢費，相較之下，多麼令人感慨！或許時空不同，不能同日而語，不過，古人樹立的典範，不是值得後人效法的嗎？

本文所談的不是借古諷今的事情，而是針對文章有兩處引用錯誤及漏字的問題，就教於方家。

一 「孟僖子知其後必有達人」的「孟僖子」，應為「臧孫紇」

文章說「昔正考父饘粥以餬口，孟僖子知其後必有達人。」依據《左傳昭公‧七年》記載：孟僖子病不能相禮……召其大夫，曰：「……吾聞將有達者曰孔丘，聖人之後也……及正考父，佐戴、武、宣，三命茲益共，故其鼎銘云：『一命而僂，再命而傴，三命而俯，循牆而走，亦莫余敢侮。饘於是，鬻於是，以餬余口。』其共也如是。臧孫紇有言曰：『聖人有明德者，若不當世，其後必有達人。』今其將在孔丘乎！我若獲沒，必屬說與何忌於夫子，使事之，而學禮焉，以定其位。」（標點符號依據楊伯峻先生的《春秋左傳注》）可知：臧孫紇說了「其後必有達人」，而孟僖子推測「達人」是孔丘。

因此文章說「孟僖子知其後必有達人」的「孟僖子」應改為「臧孫紇」較為妥當。

二 「季文子相三君，妾不衣帛，馬不食粟，君子以為忠。」的「忠」下漏了「廉」

　　文章提到季文子相三君的情形，「君子以為忠」，該段文字，出於《史記‧魯周公世家》，而《史記》記載：「季文子卒，家無衣帛之妾，廄無食粟之馬，府無金玉，以相三君。君子曰：『季文子廉忠矣。』」作者司馬光把史記上的文字，略加精簡，改動順序，而引用君子的話，很明顯漏了「廉」字。另外從該段的文義看，前面引述「正考父饘粥以餬口」，後面引用「管仲鏤簋朱紘……公叔文子享衛靈公……何曾日食萬錢……石崇以奢靡誇人……近世寇萊公豪侈冠一時」等等，可知所談論的事不外節儉、奢侈，中間引述季文子的事，卻說是「忠」，因此，顯然與前後文義不能配合，如果能補上「廉」，所謂「儉以養廉」，「廉」與「儉」有因果關係，因此能與前後配合，同時也符合《史記》的說法。所以文章補上「廉」較為妥當。

　　文章選自《傳家集》，《四庫全書》本，對於引用錯誤的仍是說「孟僖子」，漏字的仍是說「忠」。可見版本上不見錯誤、漏字，而今筆者以校對文章所引用的出處，發現疑義，提出淺見，假如筆者的說法能獲確立，那麼版本上的錯誤又如何解釋呢？

　　　　　　──原刊於《國語日報》，二○○二年五月十五日

二
修辭教學

〈木蘭詩〉中的互文辭格考察

一 前言

〈木蘭詩〉一詩長久以來，皆是列入海峽兩岸三地國（初）中的國（語）文的教材，然而在詩中「互文」辭格的認定有些歧異，值得探討；同時在詩中的「互文」例句一併討論、考察，以釐清真相。

二 互文的定義

「互文」的現象源出《經》、《傳》，後由鄭玄、賈公彥、孔穎達等揭示「互文」的奧秘，後來的學者爭相效法，沿用不衰。而「互文」的定義為何？楚永安先生闡釋說到：

> 互文，又稱「互辭」、「互言」、「互體」、「互備」等，是古代詩文中經常出現的一種達方式。唐人賈公彥在《儀禮注疏》中曾作過這樣的解釋：「凡言互文者，是兩物各舉一邊而省文，故云互文。」這基本上概括了互文的特點。具體地說，互文一般指的是在上下相對應的兩個（或兩個以上）的詞語或句子中，上文舉出一個方面而省去下文所說的一個方面，下文舉出一個方面而省去上文所說的一個方面，兩個互相補充、互相包含。對這種語句的理解，不能割裂開來，只顧一端，而應上下貫

通，參互見義。[1]

因此，「互文」的定義，可以扼要地說：上下語句各舉一邊而省文，須參互補充而足義。

三　互文的特點

「互文」的內涵是互省，屬於變形類辭格，因此有一些專有名稱必須加以說明，周翔聖先生闡釋說：

> 互文是形變體，補出互省的詞句就是原形體。由於互省，形變體外形小於原形體；通過互補，形變體內涵才與原形體等值。故互文屬減量變形辭格。互有互補詞句是可變部分，稱之為「互文點」。[2]

「原形體」即是未省略的原詞句，省略後的詞句是「形變體」，而省略的詞句是「互文點」。舉例說明，在國中第四冊劉禹錫的〈陋室銘〉其中有：

> 談笑有鴻儒，往來無白丁。

此兩句是「形變體」，「談笑」、「往來」是「互文點」，因此「談笑、往來有鴻儒、談笑、往來無白丁。」是「原形體」。

透過上面的例句，可以了解「互文」的特點：一是「形變體」外形小於「原形體」（如「談笑有鴻儒」小於「談笑、往來有鴻儒」），

1　楚永安撰：《古漢語表達例話》（北京市：中國青年出版社，1994 年 10 月），頁186。

2　周翔聖撰：《古文辭格例解》（南昌市：江西高校出版社，1994 年 12 月），頁 283。

必須增加「形變體」的內涵，才能顯示其真義，屬於減量變形辭格。二是形式上結構對仗如「談笑有鴻儒，往來無白丁」是對仗），內容上文意互補（如「談笑」句補「往來」，「往來」句補「談笑」）。

四　互文的分類

一般在互文的分類上，有的從內容、互省句意、形式等方面分類，為了顧及方便，本文擬從形式方面分類，可分三類：

一是單句互文：互文點涉及單句。例如：國中第五冊吳均的〈與宋元思書〉，其中一句：

奇山異水，天下獨絕。

「奇山異水」的原形體是「奇、異山，奇、異水」、「奇」、「異」是互文點，作單句的主語。

二是對句互文：互文點涉及對句。例如：國中第五冊吳均的〈與宋元思書〉，其中二句：

鳶飛戾天者，望峰息山；經綸世務者，窺谷忘返。

「鳶飛戾天者」、「經綸世務者」是互文點，原形體是「鳶飛戾天者者、經綸世務者望峰息心；鳶飛戾天者、經綸世務者窺谷忘返。」

三是多句互文：互文點涉及多句。例如：杜牧的〈阿房宮賦〉，其中的句子如下：

燕趙之收藏，韓魏之經營，齊楚之精英，幾世幾年，剽掠其人，倚疊如山。

「燕趙」、「韓魏」、「齊楚」是互文點，原形體是「燕趙、韓魏、齊楚

之收藏，燕趙、韓魏、齊楚之經營，燕趙、韓魏、齊楚之精英。」

五 〈木蘭詩〉中的「互文」辭格考察

〈木蘭詩〉中「互文」，經認定有六個例子如下：「東市買駿馬，西市買鞍韉，南市買轡頭，北市買長鞭。」、「將軍百戰死，壯士十年歸。」、「可汗問所欲，木蘭不用尚書郎。」、「開我東閣門，坐我西閣床。」、「當窗理雲鬢，對鏡貼花黃。」、「雄兔腳撲朔，雌兔眼迷離。」以下逐一考察是否屬「互文」。

（一）「東市買駿馬，西市買鞍韉，南市買轡頭，北市買長鞭。」

該句有四種說法：第一種認為是「鑲嵌」，黃慶萱先生說：

> 故意用特定的字來嵌入語詞中，叫件嵌字……樂府詩裡的采蓮曲中有「魚戲蓮葉田，魚戲蓮葉西，魚戲葉南，魚戲蓮葉北。」〈木蘭辭〉中：「東市買駿馬，西市買鞍韉，南市買轡頭，北市買長鞭。」都嵌東西南北四字，可說其來也有自。[3]

第二種是認定「排比」，黃建宏、戴聰生兩位先生說：

> 是排比句，本例需要詳談，因為虛指的情況比較複雜，有方位詞虛指，也有物名詞的虛指。先談方位詞，這裡的東、西、南、北都不是確實地點。也就是說，不一定東市只買到駿馬而無鞍韉，南市只有轡頭而無長鞭。實際上只說木蘭為從軍跑遍了四面八方的市場，買下了許多軍需品。因此，這四句中的物

---

3 黃慶萱撰：《修辭學》（臺北市：三民書局，1975 年 1 月），頁 395。

名詞也應當是虛指的。凡是從軍必需而家裡短缺的東西，木蘭
一定盡力買，因為駿馬等東西對戰士來說最為重要，所以作者
以點代面，說明木蘭準備工作的充分。通過這樣的誇張和舖
敘，表現了木蘭整裝待發的豪邁氣概。正如謝榛在《四溟詩
話》中所說的：若一言了問答（指「問女何所思」而言），一
市買鞍馬，則簡而無味，殆非樂府家數。[4]

第三種是認為「互文」，周翔聖先生說：

> 東、西、南、北四市為互文點。意為：東南西北到處去買駿
> 馬、買鞍韉、買轡頭、買長鞭。運用互文，寫成韻文，組成排
> 比，語勢矯健，顯出流暢之美。[5]

第四種是認為不是「互文」，譚永詳先生說：

> 前一例是渲染花木蘭跑遍四面八方為從軍出征做準備的繁忙氣
> 氛……我們說它不是互文，是因為互文的修辭效果是使語言簡
> 潔，重點突出，並適應字句數的限制和格律對偶的需要，所以
> 它的特點是「惜墨如金」以少勝多，而「賦」則是「敷陳其
> 事」，用墨如潑。上面兩例正是「敷陳其事」的寫法。[6]

以上有四種說法。其中共同點是：「東、西、南、北」是虛指。
如果依照黃慶萱先生的認定：「在詞語中，故意插入數目字、虛寫、

4　黃建宏、戴聰生撰：〈木蘭詩修辭瑣談〉，《教學參考資料（中學文科版）》1981 年 6
　　期，收入中國人民大學書報資料社編《中國語文教學》（北京市：中國人民大學書報
　　資料社，1981 年 6 月），頁 20。

5　周詳聖撰：《古文辭格例解》，頁 290。

6　譚永詳撰：《漢語修辭美學》（北京市：北京語言學院出版社，1992 年 12 月），頁
　　244。

特定字、同義或異義字，來拉長文句的，叫做『鑲嵌』[7]，該句可認為是「鑲嵌」；這四句在形式上屬於「排比」，也可認為是「排比」；如果依據前面所述「互文」的特點，也可認為是「互文」；如果依照譚永祥的認定「互文的修辭效果是使語言簡潔」、「它的特點是惜墨如金，以少勝多」，語句也可否定是「互文」。

一個詞句並不能限於一種修辭法的使用，往往會包包多種修辭法，因此「東市」句可認定採用了「鑲嵌」、「互文」、「排比」的修辭法；至於譚先生以他對「互文」的定義，而否認「東市」句是互文是有他的卓見；而以拙文的定義，應可視為互文，屬於「多句互文」。

（二）「將軍百戰死，壯士十年歸。」

該句沒有歧異的說法。陸子權先生解釋說：

> 「將軍」指軍官，「壯士」可以指軍官，也可指戰士，在此為了文字的對仗和官兵兼顧，主要指戰士。這兩句也只能按互文見義來完整地理解：將軍和壯士，有的身經百戰而死，有的十年役滿而歸。如果各自孤立地講解，那就等於說：將軍皆已戰死於邊疆，無一生還；壯士皆已生還故里，無一戰死。豈不荒唐可笑！[8]

因此，把「將軍」、「壯士」視為「互文點」，原形體是「將軍、壯士百戰死，將軍、壯士十年歸。」該句屬於「對句互文」。

7　黃慶萱撰：《文法與修辭》下冊（臺北市：國立編譯館，1987 年 1 月），頁 51。

8　陸子權撰：〈木蘭詩裡的「互文」〉，《安徽師大學報》1980 年 3 期（1980 年 9 月），頁 32。

（三）「可汗問所欲，木蘭不用尚書郎。」

該句，陸子權先生認為是互文，他說：

> 這兩句也應按互文見義去完整地理解。即應講成：可汗問木
> 蘭：尚書郎這個官職，是不是你之所欲？木蘭答可汗：尚書郎
> 非我所欲（後面字相當於原句「不用」二字。）為什麼要作這
> 樣的相互補充，引申其意呢？因為尚書郎是尚書省（當時總管
> 國家政治的機關）內的官員，官階是相當高的，如果當時可汗
> 在問語中並未提到，木蘭絕不敢答非所問，冒冒失失地說：我
> 不願做尚書郎這個官。[9]

如果語句視為互文，但是沒有「互文點」，所以不宜視為互文；至於
陸先生所說上句省略的「尚書郎」，可視為蒙下省略，不宜作「互文
點」。

（四）「開我東閣門，坐我西閣床。」

該句有二替說法，一種是互文，楚永安先生說：

> 這兩句互相包含，「開我東閣門」下隱含「坐我西閣床」；「坐
> 我西閣床」應隱含「開我西閣門」。[10]

即是將「東閣」、「西閣」視為互文點，原形體是「開我東閣、西閣
門，坐我東閣、西閣床。」該句屬於「對句互文」。另一種是將「東
閣」、「西閣」視為「閣東」、「閣西」的倒裝，黃德彰先生主張說道：

9　陸子權撰：〈木蘭詩裡的「互文」〉，頁32。
10　楚永安撰：《古漢語表達例話》，頁192。

意義比較實在的方位詞，東西南北等，在與名詞構成表處所的
詞組時，歷來可以放在名詞的前面……所以，這「東閣、西
閣」所指的乃是木蘭那一間閨閣的東部和西部……但是只有將
「東閣、西閣」理解為同一閨閣的東部、西部，這段才更能保
證主人公動作在空間上的高度集中、時間上的緊密連續，從而
體現上述特色。而且，緊接著，她一「出門」就「看伙伴」，
時空銜接密不容針，既照應入門之舉，又足以回證，她先前打
開的「東閣」正是她打扮于茲的、「西閣床」所在的同一閨閣
的門……這「東閣、西閣」乃是兩個照今天的習慣看來屬於倒
裝的詞組。[11]

黃先生將「東閣、西閣」的「東、西」為實指的位詞，而不是虛指
的，其原因是與上下文的語義連貫。所以就不視為互文。不過，文學
的作品，可以多樣的闡釋，只要合乎情理即可。「東閣」句視為互
文，仍然可以體現木蘭熱愛家室的強烈感情，兩種說法可以並存。

（五）「當窗理雲鬢，對鏡貼花黃。」

該句是互文，沒有異說。陸子權先生說明：

「當窗」與「對鏡」互文，因為「理雲鬢」和「貼花黃」，都
是木蘭一人在一時一地修飾頭面而行為，當窗迎亮，對鏡照
影，是理雲鬢和貼花黃的共同需要。絕不能說，理雲鬢只要當
窗而不要對鏡，貼花黃只要對鏡而不要當窗。所以這兩句應當
講解成：當窗對鏡理雲鬢，當窗對鏡貼花黃。[12]

---

11 黃德彰撰：〈東閣、西閣辨〉，《語文教學通訊》1982 年第 11 期（1982 年 11 月），
　　收入中國人民大學書報社編《中學語文教學》（1982 年 12 月），頁 22。
12 陸子權撰：〈木蘭詩裡的「互文」〉，頁 22-23。

黃麗貞先生也說道：

> 木蘭當窗對鏡梳理雲鬢，又貼上花黃；當窗、對鏡是一事，梳
> 理雲鬢和貼花黃是有先後次序的行為。[13]

因此，「當窗」、「對鏡」是「互文點」，原形體是「當窗、對鏡理雲
鬢，當窗、對鏡貼花黃。」該句屬於「對句互文」。

（六）「雄兔腳撲朔，雌兔眼迷離。」

該句爭議性較大，不僅是異說的分別，也是大陸、香港、臺灣地
區教材的分歧，值得深入研析。該句有二種說法：一種是互文，香港
與臺灣的教材即是主張互文，臺灣國中第四冊〈木蘭詩〉注釋說：

> 雄兔雌兔腳步一樣跳躍，目光一樣模糊。撲朔，形容（兔子）
> 腳步跳躍的樣子。迷離，形容（兔子）目光模糊的樣子。[14]

香港的《中國語文》第二冊〈木蘭詩〉注釋說：

> 撲朔，用腳爬爬搔搔的樣子。迷離，眼睛瞇著，目光朦朧不定
> 的意思。兩句互文，這兩句是用以形容雄兔、雌兔的共同特
> 性。[15]

學者專家也有主張的，例如，余冠英先生說解：

> 「撲朔」，跳躍貌。「迷離」，不明貌。以上二句互文，雌兔的

---

13 黃麗貞撰：〈「互文」修辭格〉，《中國語文》81 卷 2 期（總 481 期，1997 年 7 月）
   481 期，頁 17。
14 黃麗貞撰：《國民中學國文》（臺北市：國立編譯館，1999 年 1 月）第 4 冊，頁 49。
15 黃麗貞撰：《中國語文》修訂版（香港：香港教育圖書公司，1994 年）第 2 冊，頁
   205。

　　腳也撲朔，雄兔的眼也迷離。[16]

周振甫先生也說道

　　朔狀跳躍，迷離狀眼睛睽動，也是互文，即雄兔腳撲朔眼迷
　　離，雌兔眼迷離腳撲朔，所以兩兔在地上跑時，很難分別誰雌
　　誰雄……「雄兔腳撲朔，雌兔眼迷離」，既然雄兔和雌兔這樣
　　不同，那末只要看它們的腳和眼就可分出雌雄來，為什麼說分
　　不出雌雄呢？不作互文，就不好講了。[17]

這些看法，即是把「雄兔」、「雌兔」視為「互文點」，原形體是「雄
兔、雌兔腳撲朔，雄兔雌兔眼迷離。」該句屬於「對句互文」。

　　另一種認為不是互文。大陸初中《語文》第二冊〈木蘭詩〉注釋
說：

　　據傳說，兔子靜臥時，雄兔兩隻前腳時時爬搔，雌兔兩隻眼睛
　　時常瞇著，所以容易辨認。撲朔，爬搔。迷離，瞇著眼。[18]

王汝弼先生也說道：

　　「雄兔腳撲朔」四句，舊的注釋未能愜心浹理。聞獵師云：野
　　兔雌雄難辨。但被捕後，雄兔性躁，極力掙扎，故腳撲朔；雌
　　兔膽小畏縮，故眼迷離（俗稱迷縫，閉眼的樣子）。然在野地
　　奔跑時，這種微細的差別就無從辨認了。[19]

---

16 余冠英撰：《漢魏六朝詩選》（香港：中華書局，1993 年 11 月），頁 369。

17 周振甫撰：〈互文與互體〉，《詩詞例話》（北京市：中國青年出版社，1993 年 10
　　月），頁 310-311。

18 初中《語文》第 2 冊（北京市：人民教育出版社，1996 年 9 月），頁 317。

19 王汝弼撰：《樂府散論》（西安市：陝西人民出版社，1984 年 11 月），頁 45。

不論兔子靜臥或被捕的時候，雄、雌兔的行為特徵明顯有差異，因此不能視該句為互文。

　　要分辨「雄兔」句是否是互文，首先先看「反對不是互文」的意見，例如鄭遠漢先生說道：

> 好些注本因不明瞭是互文，只好望文生義，穿鑿附會，如初中語文調查的注釋……按照這樣的解釋是極易辨認了，詩作者用這個比喻，同時需要說的「安能辨我是雄雌」豈不矛盾？這是難以自圓其說的。詩作者為什麼不直接寫成「雄兔和雌兔，腳都撲朔，眼都迷離」呢？這樣寫，語言囉嗦，句式難工，淡而無味。從這裡可看出「互文」的修辭作用。[20]

曹治國先生也說道：

> 初中課本裡注釋……這一注不打緊；竟把老師憋出了一身汗，那是老師接課本解釋時，一個禿頭禿腦的男孩子問道：「既然雄兔、雌兔的特點分明，即使兩隻兔子貼著地皮走，也能分別清楚呀？為什麼後面又說『安能辨我是雄雌』呢？」「書上說的是靜止時好辨認，兔子一跑就辨不清楚了」。「那太愛忘事了」。學生說：「我只要認準了，兔子再跑，我也認像哪隻是公的，哪隻是母的。」老師一聽，也猶像了「不就兩隻兔子嗎？怎麼靜止時容易辨認，旁地走就辨認不了呢？」他也解不通，瞅著學生那一雙雙明亮的眼睛，急得滿頭汗水的淋漓。這矛盾就是教材編者誤注造成的。原來這兩句是互文。[21]

---

20 鄭遠漢撰：《辭格辨異》（武漢市：湖北人民出版社，1982 年 7 月），頁 137。

21 曹治國撰：《趣味修辭方法辨析》（北京市：知識出版社，1991 年 5 月），頁 52-53。

在前面周振甫也說出一些意見，綜合他們反對不是互文的意見可歸納兩點：一是雄兔、雌兔顯然可以分辨出來，即使「傍地走」也能分辨出來；二是雄兔、雌兔顯然可以分辨出來，後面為什麼說「亦能辨我雄雌」？

筆者淺見：〈木蘭詩〉一詩在結尾的四嗎話，「雄兔腳撲朔，雌兔眼迷離，兩兔傍地走，亦能辨我雄雌？」是針對木蘭作比喻的，讚嘆木蘭喬裝的高妙。因此「雄兔」是比喻軍中的伙伴，「雌兔」是比喻木蘭，木蘭與伙伴同行十二年，當然是分辨不出來，所以雄兔，雌兔原本是有分別的，就像木蘭與伙伴的身分；只是「傍地走」，就像同行十二年，才分辨不出來，這是第一點。至於「雄兔腳撲朔」的「腳撲朔」與「雌兔眼迷離」的「眼迷離」，如果雄兔、雌兔共有的現象，那拿此比喻木蘭的喬裝，實在不妥當，沒必要的，因此「腳撲朔」、「眼迷離」是雄兔、雌兔個別的特徵，「雄兔」兩句不是互文，這是第二點。

從上述兩點淺見可以反駁反對不是互文的意見，同時很明顯地可以了解到，文章的解釋，必須全盤的掌握。如果單復「雄兔」兩句的形式看是有可能被視為互文；但是從全篇文章著眼，「雄兔」兩句並非互文。筆者曾經認為說：

> 如果說這句是互文，那麼與後二句「兩兔傍地走，亦能辨我是雄雌」的意思就不能連貫，因此：雄兔雌兔均有共同現象，就已經分辨不清楚是雄是雌，何必再假設靠著地面上奔跑，才說分辨不清楚呢？根據木蘭詩全文的了解，木蘭是女兒身代父從軍十二年，沒有被伙伴察覺，所以伙伴皆驚惶：「同行十二年，不知木蘭是女郎。」而末尾四句是回答伙伴的問話，用了雄雌兔作比喻，來說明自身的情形，雄兔的「腳撲朔」、雌兔

的「眼迷離」就等於是男、女的分別，各有特徵容易分辨，但是在什麼狀況會不易分辨呢？就是在「兩兔傍地走」，如同木蘭投身軍隊之中一樣，「亦能辨我是雄雌」？[22]

於此提供拙文的旁證。總之，「雄兔」兩句不宜作為互文。

六　結語

原本在〈木蘭詩〉中被認為是互文的六句例句，經過筆者考察，確定為互文的例句有四：「東市買駿馬，西市買鞍韉，南市買轡頭，北市買長鞭。」、「將軍百戰死，壯士十年歸。」、「開我東閣門，坐我西閣床。」、「當窗理雲鬢，對鏡貼花黃。」；確定不是互文的例句有二：「可汗問所欲，木蘭不用尚書郎。」、「雄兔腳撲朔，雌兔眼迷離。」

經過考察可以歸納兩點淺見作為拙文的結束：第一：互文的定義須明確，合乎定義的標準，才容易辨別，否則沒有明確的定義，各家有各家的標準，在判別上就容易產生歧見。第二：在互文的認定，除了形式特點外，有時還要兼顧文章的整體性，換言之，互文的例子也要合乎全文（詩）的要求才行。

——原刊於國立臺灣師範大學國文系主編《第二屆「中國修辭學」學術研討會》，一九九九年六月七日

---

22 劉崇義撰：〈木蘭詩注釋商榷〉，《中國語文》413 期，收入拙著《國語文教與學論集》（臺北市：萬卷樓圖書公司，1998 年 2 月），頁 65-66。

互文及其相關辭格的辨析
——以國、高中的文言文為例

一 前言：從一個誤例談起

　　高中國文第三冊選自《呂氏春秋》的〈察今〉，文中「嘗一臠 脟肉，而知一鑊之味，一鼎之調也。」注釋〔一六〕解釋說：「調……上句味字互文，調、味，味道也。」從注釋的說明可以知道「一鑊之味，一鼎之調」的「味、調」認定是互文，「味、調」意思一樣。

　　另外在第二冊范仲淹所寫的〈岳陽樓記〉，文中「不以物喜，不以己悲」注釋〔三七〕解釋說：「不因外物的美適而喜悅，不因己身的困阨而悲傷。此二句互文見義，須活看。」從注釋的說明，可以知道「不以物喜，不以己悲」認定的互文。

　　以上的兩句既然都是互文，但是兩句的解釋方法卻不相同。「一鑊之味，一鼎之調」上下句出現「味、調」相同的字義，只是使用不同的字；而「不以物喜，不以己悲」上下句卻沒有出現同義的字。可見這兩句說是互文，顯然是有問題的。因為互文的定義行（待下文詳說），不容說上下句出現同義的現象，因此「一鑊之味，一鼎之調」不是互文，而是錯綜修辭格的「抽換詞面」。因此教材的解釋認定該句為互文是值得商榷的。

　　筆者發現國中、高中的教材有相當多的互文例句，但是教材有些注解不當，甚至與別的修辭格混淆，於是在語義上產生誤解，因此有

必要對於互文辭格與其相關的辭格，例如：對偶、合敘、錯綜等，作些辨析，以釐清真相。

二 互文的定義及特點

「互文」的定義，依據唐代賈公彥解釋說：

> 凡言互文者，是兩物各舉一邊而省文，故云互文。[1]

因此，互文是上下語句，各有省略，須參互補充的一種修辭格。

依據互文的定義，所省略的可稱為「互文點」。[2]例如前面舉的例子：「不以物喜，不以己悲」，互文點是「物」、「己」，因此該句的意思是「不以物、己喜悲，不以物、己悲」，而教科書的解釋「不因外物的美適而喜悅，不因己身的困阨而悲傷」顯然不夠完備。

而互文的特點，就是將原來的語句，省減重複的語詞，而省掉重複的語詞即用互文點表示。如果用公式表示如下（以 ABCD 代表句子或語詞）：

互文的句子是：ABCD

原來的句子是：ABD，CBD

互文點是：BD

---

1 （漢）鄭玄注，（唐）賈公彥等疏：《儀禮注疏》，見於楚永安《古漢語表達例話》引，頁 186。

2 周翔聖撰：《古文辭格例解》（南昌市：江西高校出版社，1994 年 12 月），頁 283。

三　互文與對偶的辨析

對偶的定義，依據陳望道先生的解釋說：

> 說話中凡是用字數相等，句法相似的兩句，成雙作對排列成功的，都叫做對偶辭。[3]

從定義上看，對偶著重句子的形式要求，例如：

> 欲窮千里目，更上一層樓。（王之渙〈登鸛鵲樓〉）
> 將軍百戰死，壯士十年歸。（〈木蘭詩〉）

以上兩句：兩詩上下句皆是五字，王詩皆是敘事句，〈木蘭詩〉皆是表態句，同時兩詩的詞性也都相同。這兩首詩皆完全合乎對偶的要求。

不過，在意義方面，王詩表達因果關係的複句，上下句詞並沒有重複；而〈木蘭詩〉表達補充關係的複句，上下句有出現語詞重複，「將士」、「壯士」是互文點。因此，王詩不是互文，而〈木蘭詩〉是互文。

可知互文與對偶要辨，可歸納兩點：第一，互文是要求意義方面，必須參互見義；對偶是要求語言的形式方面，須字數相等、句法相似等等要求。第二，依公式表示，互文是：AB, CD（原來的句子是 ABD、CBD）；對偶是 ABCD（原來句子也是 ABCD）；第三，互文的句子採用了對偶的形式，或者對偶表達互文的內容，那就是兩種兼用。例如：

3　陳望道撰：《修辭學發凡》（上海市：上海教育出版社，1984 年 3 月），頁 202。

　　　　當窗理雲鬢，對鏡貼花黃。(〈木蘭詩〉)

　　　　岸芷汀蘭。(范仲淹〈岳陽樓記〉)

　　　　草木為之含悲，風雲因而變色。(孫文〈黃花崗烈士事略序〉)

　　　　急湍甚箭，猛浪若奔。(吳均〈與宋元思書〉)

四　互文與合敘的辨析

　　合敘的定義，依據楚永安先生解釋說：

　　　　合敘是指將本可以分別敘的事情合在一起來寫。[4]

從定義上看，合敘是把原分開說的事情，合在一塊說。例如：

　　　　若有作姦犯科及為忠善者，宜付有司，論其刑賞。(諸葛亮
　　　　〈出師表〉)

該句原來應說：「若有作奸犯科及為善者，宜付有司，論其刑；為忠
善者，應付有司，論其賞。」因為重複的字句太多，可以省略掉，使
得文句緊湊，屬「作奸犯科」與「為忠善者」合併，「刑」與「賞」
合併，這是一種情形。

　　另一種情形，是求詞序或句序的變化，例如：

　　　　東夏之命，古今之法，言異而典殊。(《呂氏春秋‧察今》)

該句原來是說：「東夏之命，言異；古今之法，典殊。」由於合敘，
「言異」與「典殊」合併，而改變詞序。第三種情形，例如：

────────────

4　楚永安撰：《古漢語表達例話》(北京市：中國青年出版社，1994 年 4 月)，頁 223。

句讀不知，惑之不解，或師焉，或不焉。（韓愈〈師說〉）

該句原來應說：「句讀之不知，或師焉；惑之不解，或不焉。」由於合敘，「或師焉」調動到後面，而改變句序。

上述三種情況，合敘時，合併或改變詞、句序，在理解文義時，皆必須依序還原，承接不能有誤，例如：

自非亭午夜分，不見曦月。（《水經注·江水》）

「不見曦」須承「亭午」，「不見月」須承接「夜分」，如果「不見曦」承「夜分」，「不見月」承接「亭午」，文義的理解就會產生錯誤。

合敘要與互文作分辨，關鍵在於理解文義時，是否要折還是要合。例如：

句讀不知，惑之不解，或師焉，或不焉。（韓愈〈師說〉）

該句在理解文義，就必須將該句折開還原：「句讀之不知，或師焉；惑之不解，或不焉。」所以該句是合敘。又例如：

主人下馬，客在船。（白居易〈琵琶行〉）

該句在理解文義，就必須將原來相同的部分合在一起，也就將互文點「主」、「客」還原：「主、客人下馬，主、客人在船。」所以該句是互文。

而以公式表示如下：

合敘是：ABCD（原來的句子是 AC、BD）

而互文是：ABCD（原來的句子是 ABD、CBD）

前者折開與 A 搭配，折開 D 與 B 搭配；而後者 BD 要合起來，與 A、C 搭配。

五　互文與錯綜的辨析

錯綜的定義，依據陳望道先生解釋說：

> 凡把反複、對偶、排比或其它可有整齊形式，共同詞面的語言，說成形式參差，詞面別異的，我們稱為錯綜。[5]

依照陳先生將錯綜分為四類：抽換詞面、交蹉語次、伸縮文身、變化句式。[6]這四類與互文類似的是前面二類，以下分別作說明：

所謂「抽換詞面」，陳望道先生解釋說：

> 是將詞面略為抽動使得說話前後不同。[7]

換言之，為了避免重複使用相同的字，於是更換同義異形的詞，這種方法就是「抽換詞面」，例如：

> 昔繆公求士，西取由余於我，東得百里奚於宛，迎蹇叔公於宋，來丕豹、公孫支於晉。（李斯〈諫逐客書〉）
> 夫風無雄雌之異，而人有遇不遇之變。（蘇轍〈黃州快哉亭記〉）
> 畏之太甚，而養之太過。（蘇軾〈教戰守策〉）

5　陳望道撰：《修辭學發凡》，頁 207。
6　陳望道撰：《修辭學發凡》，頁 207。
7　陳望道撰：《修辭學發凡》，頁 207。

第一句的「取」、「得」、「迎」、「來」同義；第二句的「異」、「變」同義；第三句的「甚」、「過」定義。這三句的同義字，主要地就是行文避免重複。抽換詞面，文義理解時，用詞雖不同，但詞義卻是相同。

互文與抽換詞面應如何辨別？先舉例如下：

> 問女何所思？問女何所憶？（〈木蘭詩〉）
> 談笑有鴻儒，往來無白丁。（劉禹錫〈陋室銘〉）

前句的「思」與「憶」是抽換詞面；後句的「談笑」、「往來」是互文點。前句的「思」與「憶」是同義，後句的「談笑」、「往來」須互相補充。前面的「思」與「憶」是為避免重複而求變；後句原為「談笑、往來有鴻儒，談笑、往來無白丁」，運用互文，為了使得語句簡練、勻稱，所以辨別互文與抽換詞面，關鍵在於前後的對文（例如「思」與「憶」、「談笑」與「往來」）所指是相同的就是抽換詞面，所指不同而且互相補充就是互文。

而以公式表示如下：

> 抽換詞面是：ABCD（原來句子是 ABCD，或 ADCD）
> 互文是：ABCD（原來句子是：ABD，CBD）

前者 B 等於 D，後者 BD 要合起來，與 A、C 搭配。

所謂「交蹉語次」，依陳望道先生解釋說：「是將語詞的順序安排得前後參差，使得說話前後不同。」[8]換言之，在句子中的位置參差變化，例如：

> 釀泉為酒，泉香而酒冽。（歐陽修〈醉翁亭記〉）

---

8 陳望道撰：《修辭學發凡》，頁 208。

其中「泉香而酒冽」應為「泉冽而酒香」,「泉冽」、「酒香」皆是表態句,兩句的表語「冽」、「香」互換調換,是表語調整,而句義本身沒有變化。

　　互文與交蹉語次與如何辨別?先舉例如下:

　　　每晴晝晚陰,徙倚其下。(李慈銘〈越縵堂日記三則〉)
　　　位卑則足羞,官盛則近諛。(韓愈〈師說〉)

前句的「晴晝晚陰」是並列結構,「晴晝」是主從結構,「晚陰」原為「陰晚」是主從結構,為了避免與「晴晝」有相同的結構,於是加語「陰」與端語「晚」,次序顛倒,而成為「晚陰」,是為「交蹉語次」。後句的「位」、「官」是互文點,須互相補充,是為「互文」。

　　所以辨別互文與交蹉語次,關鍵在於前後的對文(例如「晴晝」與「晚陰」、「位」與「官」),如果是詞序不同就是交蹉語次,如果是互相補充就是互文。

　　而以公式表示如下:

　　　交蹉語次是:ABCD(原來句子是 ABDE)
　　　互文是 ABCD(原來句子是 ABD、CBD)

前者後者 BD 要合起來,與 A、C 搭配。

六　結語

　　互文與對偶、合敘、錯綜在形式上頗為相似,但是在實質內涵上卻不一樣。經過上述的辨析,現在把互文與其他三項用公式呈現在一起(以 ABCD 代表句子或語詞的形式,原來句子或語詞是就理解內容而言,呈現此處),即可一目了然其間的差別:

類別＼項目	語言形式	文義理解（原來的形式）	比較差異
互文	ABCD	ABD、CBD（B、D 互文點）	1. 意義參互見義。 2. 理解文義要合並。 3. 對文的意義相互補充。
對偶	ABCD	ABCD	語言形式、字數相等、句法相似、詞性相同
合敘	ABCD	AC、BD	理解文義要拆開
錯綜 1（抽換詞面）	ABCD	ABCD 或 ADCD	對文的意義相同（B＝D）
錯綜 2（交蹉語次）	ABCD	ABDC	對文的詞序不同（AB≠DC）

　　筆者經過以上的辨析，發現一些問題：第一：互文的解釋，在部編本內解說不一，造成教學上的困擾。第二：互文辭格在範本中有不少的例子，但是在高中部編本的《文法與修辭》下冊《修辭》內並未收錄，以致對互文的認識不夠。

　　因此，筆者希望建議：第一：對於教材中修辭的解說能一致。第二：對於少見修辭格式或是《文法與修辭》一書中未收錄的，應適時解說。第三：對於形式相近的修辭格，應適時比較說明。

　　部編本即將走入歷史，雖然發現其中的問題，但是仍可以作為審定本的參考，這是本文除了作互文與其相關辭格的辨析外，最主要的目的。

——原刊於《第二屆「中國修辭學」學術研討會》，

高雄師範大學國文系編印，二〇〇〇年

參考文獻

1. 楚永安 《古漢語表達例話》 北京市 中國青年出版社 1994 年 4 月

2. 周翔聖 《古文辭格例解》 南昌市 江西高校出版社 1994 年 12 月

3. 陳望道 《修辭學發凡》 上海市 上海教育出版社 1984 年 3 月

4. 趙世舉 《古漢語易混問題辨析》 西安市 陝西人民出版社 1989 年 8 月

5. 濮 侃 《辭格比較》 合肥市 安徽教育出版社 1983 年 9 月

6. 汪國勝、吳振國、李宇明 《漢語辭格大全》 南寧市 廣西教育出版社 1993 年 1 月

7. 楊春霖、劉帆主編 《漢語修辭藝術大辭典》 西安市 陝西人民出版社 1995 年 1 月

8. 沈 謙編著 《修辭學》 臺北縣 國立空中大學 1995 年 1 月

合敘法在高中國文教材中的運用

一　前言

　　國立編譯館主編《文法與修辭》下冊，列舉二十一種修辭的方法，在該書的「編輯大意」，標示學習修辭的主要目標：

> 並指導學生了解修辭之意義，範圍與功用，熟練修辭之方法，以增進寫作與鑑賞能力，體會我國語文之奧妙，而能增進對中華文化之認識。[1]

事實上，在教育過程中，鑑賞範文時，經常發現範文運用的修辭技巧超出二十一種之外，換言之，這二十一種修辭技巧並不能滿足教學的需求，必須作適時補充，提供額外的修辭方法，給學生了解並熟練，盼能增進學生寫作與鑑賞的能力。

　　而所謂的「額外的修辭方法」，當然有很多，筆者曾經發表過有關「互文」的修辭方法[2]，現在進一步介紹「合敘」的修辭方法，以部編本高中國文六冊的教材作例子說明。

1　國立編譯館主編：《文法與修辭》（臺北市：國立編譯館，1987 年），下冊，頁 1。
2　《第二屆中國修辭學學術研討會論文集》（臺北市：中國修辭學會，2000 年），頁 1-9。

二　合敘法的定義與特點

「合敘」的名稱，較早見於楊樹達先生所著的《增訂本中國修辭學》[3]，但楊先生並未對「合敘」下定義。茲列舉其他學者的說法，再作綜合歸納：

周翔聖先生解釋：

> 合敘是上文以數列語句並舉，下文以相當列數語句並列分承的一種修辭格。[4]

張博先生解釋：

> 合敘是把兩個或兩個以上相同的語言結構的各個相應成分分別合在一起的敘述方法。[5]

周建成、馮汝漢兩位先生解釋：

> 合敘是一種修辭格，也稱合說、綜說、並提分承，列舉分承等。它是把幾個分說的結構相同的語言單位綜合在一個結構裡加以敘說。[6]

根據以上三種的解釋，可以了解到：合敘是把原本是分開二個或二個

3　楊樹達撰：《增訂本中國修辭學》（臺北市：世界書局，1969 年），頁 157。

4　周翔聖撰：《古文辭格例解》（南昌市：江西高校出版社，1994 年），頁 304。

5　張博撰：〈合敘漫議〉，刊於《修辭學論文集》（石家莊市：河北教育出版社，1996 年），頁 187。

6　周建成、馮汝漢撰：〈文言文中的合敘及其教學〉，刊於《語文學刊》1996 年 1 期（1996 年），頁 42。

以上的詞語或語句，合起來一起敘述的方法。表面上是一個語法結構，但是在內涵上卻包含二個或二個以上的語法結構。例如：

（1）自非亭午夜分，不見曦月。（第五冊〈水經注‧江水〉）

該句原為：「自非亭午，不見曦；自非夜分，不見月。」是二句分句並列，合起來成為「自非亭午夜分，不見曦月」是一句單句。因此從表面看「自非亭午夜分，不見曦月」是單句，而內容上卻是複句。不過理解上，承接的關係不可弄混，「亭午」與「曦」、「夜分」與「月」必須承接對才行，否則整句的涵義會誤解。因此綜合上述「合敘」可以下個定義是：原本分別敘述的詞句合起來敘述的方法。為了後面例句解釋的方便，使用「ABCD」代表合敘的句子，那麼理解上，A 與 B 必須承接，B 與 D 必須承接。

合敘的特點，有下列兩項：

第一：合敘的承接不一定按照順序。前面提過 A 與 B 必須承接，B 與 D 必須承接，但是有時為了押韻而改變，例如：

（2）沙鷗翔集，錦鱗游泳，岸芷汀蘭，郁郁青青。（第二冊〈岳陽樓記〉）

「岸芷汀蘭，郁郁青青」原為「岸芷青青，汀蘭郁郁」，照理合敘成為「岸芷汀蘭，青青郁郁」，但是「郁」與前面的「泳」押韻不合，所以為了配合押韻「青青」、「郁郁」對調。也有因為慣用詞語而改變，例如：

（3）農夫小民，盛夏力作，而窮冬暴露，其筋骸之所衝犯，肌膚之所浸漬，輕霜露而狎風雨，是故寒暑不能為之毒。（第二冊〈教戰守策〉）

該句原為「農夫小民，盛夏力作，其筋骸之所衝犯，輕霜露，是故暑不能為之毒；農夫小民，窮冬暴露，肌膚之所浸漬，狎風雨，是故寒不能為之毒。」合敘成為「農夫小民，盛夏力作，而窮冬暴露，其筋骸之所衝犯，肌膚之所浸漬，輕霜露而狎風雨，是故寒暑不能為之毒。」其中「暑寒」不如「寒暑」更為通俗，因此文章改為「寒暑」，而改變承接的關係。此類的情形，受到特殊的影響，「ABCD」合敘句子，也可成為「ABDC」。

　　第二：合敘有時因為承接項目不等，必須弄清楚承接的關係，才能理解文意。例如：

　　　　（4）侍中、侍郎郭攸之、費禕、董允等（第二冊〈出師表〉）

該語句原為「侍中敦攸之、費禕，侍郎董允」，合敘成為「侍中侍郎郭攸之、費禕、董允等」，因此在理解時，「侍中」與「敦攸之」，「費禕」承接；「侍郎」與「董允」承接。否則承接關係不清，文意就會混淆。

三　合敘法的種類

　　合敘的種類相當多，茲舉較容易了解的二種作說明：

（一）從語法結構劃分

1　合敘語
　　例如：

　　　　（5）役聰明之耳目，虧無為之大道哉？（第五冊〈諫太宗十思疏〉）

「役聰明之耳目」原為「役聰之耳」、「役明之目」,「聰之耳」、「明之目」皆為主從結構,所以說是合敘語。

而前面所舉的第四句「侍中、侍郎郭攸之、費禕、董允等」原為「侍中郭攸之、費禕」、「侍郎董允」,皆是同位語,所以「侍中、侍郎郭攸之、費禕、董允」是合敘主從結構。

> (6) 將軍向寵,性行淑均。(第二冊〈出師表〉)

「性行淑均」原為「性淑」、「行均」,皆是主謂形式的造句結構,所以是合敘語。

2　合敘句子

例如:

> (7) 其高下之勢,岈然洼然,若垤若穴……(第四冊〈始得西山宴遊記〉)

「岈然洼然,若垤若穴」原為「岈然若垤」、「洼然若穴」皆為準制斷句,所以是合敘句子。

> (8) 觀夫高祖之所以勝,而項籍之所以敗者,在能忍與不能忍之間而已矣。(第四冊〈留侯論〉)

該句原為「觀夫高祖之所以勝在能忍」、「觀夫項籍之所以敗者在不能忍」皆為敘事句,所以是合敘句子。

至於前面所舉的第二句「岸芷汀蘭,郁郁青青」,原為「岸芷青青」、「汀蘭郁郁」皆為表態句,所以是合敘的句子。

3 合敘複句

例如：

> （9）雖董之以嚴刑，震之以威怒，終苟免而不懷仁，貌恭而
> 不心服。（第五冊〈諫太字十思疏〉）

該句原為「雖董之以嚴刑，終苟免而不懷仁」、「雖震之以威怒，終貌恭而不心服」，皆為轉折關係構成的複句，所以是合敘複句。

前面所舉的第三句，原為「農夫小民，盛夏力作，其筋骸之所衝犯，輕霜露，是故寒暑不能為之毒。」、「農夫小民，窮冬暴露，其肌膚之所浸漬，狎風雨，是故寒暑不能為之毒」，皆為因果關係構成的複句，所以是合敘複句。

（二）從理解文義劃分

1 等字合敘

例如：

> （10）朱鮪涉血於友于，張繡剚刃於愛子；漢主不以為疑，魏
> 君待之若舊。（第六冊〈與陳伯之書〉）

該句原為「朱鮪涉血於友于，漢主不以為疑；張繡剚刃於愛子，魏君待之若舊」與合敘句子，字數相等，不減不增，因此理解文義時，與原句，並沒有出入。

前面所舉的第六句，原句「性淑、行均」與合敘句子「性行淑均」也是屬於等字合敘。

2　省字合敘

例如：

（11）荷人、鄭氏之事，闕而弗錄，竟以島夷海寇視之。（第
四冊〈臺灣通史序〉）

該句原為「荷人之事，闕而弗錄，竟以島夷視之；鄭氏之事，闕而弗
錄，竟以海寇視之。」合敘以後，「之事」、「闕而弗錄」、「竟以」、
「視之」皆省略了，共十字，所以說是省字合敘。

前面所舉的第一句，原為「自非亭午，不見義；自非夜分，不見
月。」合敘以役，省略了「自非」、「不見」，共四字。也屬於省字合
敘。

四　合敘法與互文、錯綜法的區別

合敘法與互文、錯綜法在運用上，頗為類似，因此值得作一分
辨。

（一）合敘與互文的區別

「互文」的定義，依據鄭遠漢先生解釋說：

上文裡省了在下文出現的詞，下文裡省了在上文出現的詞，參
互成文，合而見義。[7]

例如：「不以物喜，不以己悲」（第二冊〈岳陽樓記〉）原為「不以
物、己喜，不以物、己悲」，為了避免重複「物、己」，因此上句省略

7　鄭遠漢撰：《辭格辨異》（武漢市：湖北人民出版社，1982年），頁135。

了「己」，下句省略了「物」，而為「不以物喜，不以己悲」。

因此互文的句子與合敘比較，可以了解到：

1　從節省文字看

互文上下句，皆有省略的字。例如「不以物喜，不以己悲」，省略了「物、己」兩字；而合敘的句子，並不見得都能節省文字，例如前面所舉的第二句「岸芷汀蘭，郁郁青青」即是；但也有不節省文字的，例如：

> 若有作姦犯科及為忠善者，宜付有司，論其刑賞，以昭陛下平
> 明之理。（第二冊〈出師表〉）

該句原為「若有作姦犯科者，宜付有司，論其刑，以昭陛下平明之理；若有為忠善者，宜付有司，論其賞，以昭陛下平明之理。」因此可知，節省了「若有」、「者」、「宜付有司」、「以昭陛下平明之理」共十五字。因此從節省文字看，互文一定會節省文字，而合敘不一定會節省文字。

2　從理解文意看

互文的句子須合併理解，例如：「不以物喜，不以己悲」，理解時，須還原成「不以物、己喜，不以物、己悲」；而合敘的句子，須拆開還原理解，例如：「若有作姦犯科及為忠善者，宜付有司，論其刑賞，以昭陛下平明之理」，理解時，須拆開成「若有作姦犯科者，宜付有司，論其刑，以昭陛下平明之理；若有為忠善者，宜付有司，論其賞，以昭陛下平明之理。」因此要使用代號作說明：合敘的句子是「ABCD」，互文的句子是「ABCD」，理解文義時，合敘還原成「AC，BD」；互文的句子還原成「ABD、CBD」，所以從理文意看，

兩者還原時，就很容易分別。

（二）合敘與錯綜的區別

「錯綜」的定義，依據陳望道先生解釋說：

> 凡把反複、對偶，排比或其它可有整齊形式，共同詞的語言，說成形式參差，詞面別異的，我們稱為錯綜。[8]

陳望道先生將錯綜分為四類：抽換詞面、交蹉語次，伸縮文身、變化句式。而與合敘類似的是前面二類，以下依據作比較說明。

1 所謂「抽換詞面」，依陳望道先生解釋說

> 是將詞面略為抽動使得說話前後不同。[9]

換言之，是為了避免使用重複的字，而更換同義異形的詞，例如：

> 畏之太甚，而養之太過。（第二冊〈教戰守策〉）

其中「甚」、「過」同義，為了避免使用重複字，於是更換同義異形的詞。

　　此類的句子與合敘區別，可從理解文意看。使用代號作說明：合敘的句子是「ABCD」，抽換詞面的句子是「AB，CD」；理解文意時，合敘還原成「AC，BD」，而抽換詞面還原成「AB，CB」或者「AD，CD」（條件：B＝D），兩者的區別即可看出來。

8　陳望道撰：《修辭學發凡》（上海市：上海教育出版社，1997 年），頁 207-208。
9　陳望道撰：《修辭學發凡》（上海市：上海教育出版社，1997 年），頁 207-208。

2 所謂「交蹉語次」，陳望道先生解釋說

是將語詞的順序安排得前後參差，使得說話前後不同。[10]

換言之，在句子中位置參差變化。例如：

釀泉為酒，泉香而酒冽。（第五冊〈醉翁亭記〉）

其中「泉香而酒冽」，原為「泉冽而酒香」，「泉冽」、「酒香」皆為表態句，表語「冽」、「香」互換，使得句子變化，靈活新奇，而文義卻不受影響。

此類的句子與合敘區別，仍從理解文義看。使用代號作說明：合敘的句子是「ABCD」，交蹉語次的句子是「ABCD」；理解文義時，合敘還原成「ACBD」；而交蹉語次還原成「ADCB」，兩者的區別即可看出來。

以上是合敘與互文，錯綜的區別，為了能了解更清楚，以下作一簡表說明如下：

項目 類別	語言形式	文義理解 （原來的形式）	比較差異
合敘	ABCD	AC，BD	1.拆開理解 2.使句子簡練、緊湊。
互文	AB，CD	ACD，BCD	合併理解
錯綜 （抽換詞面）	ABCD	ABCB 或 ADCD	條件 B＝D
錯綜 （交蹉語次）	AB，CD	AD，CB	使句子靈活變化、新奇

---

10 陳望道撰：《修辭學發凡》（上海市：上海教育出版社，1997 年），頁 207-208。

五　合敘法的修辭作用

合敘法在運用時，可以產生修辭功能，可分四項說明：

（一）對稱之美

前面所舉的第十句原為「朱鮪涉血於友于，漢主不以為疑；張繡剚刃於愛子，魏君待之若舊。」是一排比句子，合敘句子「朱鮪涉血於友于，張繡剚刃於愛子，漢主不以為疑；魏君待之若舊。」成為對偶句，呈現駢儷、對稱之美。

（二）和諧之美

（12）惟江上之清風，與山間之明月，耳得之而為聲，目遇之而成色。取之無禁，用之不竭。（第五冊〈赤壁賦〉）

該句原為「惟江上之清風，耳得之而為聲，取之無禁；惟山間之明月，目過之而成色，用之不竭。」是一排比句，合敘句子「惟江上之清風，與山間之明月，耳得之而為聲，目遇之而成色。取之無禁，用之不竭。」其中「月」、「色」、「竭」、押入聲月韻（色為職韻、與月韻通）。該文為「賦」體，合敘句子，押韻協調，呈現和諧之美。

（三）簡潔之美

（13）非日中夜半，不見日月。（第五冊〈水經注・江水〉）

該句原為「非日中，不見日；非夜半，不見月」共十二字，合敘句子

「非日中夜半,不見日月」共九字。除了節省三字,同時,精煉文句,呈現簡潔之美。

(四)流暢之美

前面所舉的第三句,原為「農夫小民,盛夏力作,其筋骸之所衝犯,輕霜露,是故暑不能為之毒;農夫小民,窮冬暴露,其肌膚之所浸漬,狎風雨,是故寒不能為之毒」是排比句,而合敘句子「農夫小民,盛夏力作,而窮冬暴露,其筋胲之所衝犯,肌膚之所浸漬,輕霜露而狎風雨,是故寒暑不能為之毒」,則借助排比、層遞結合,增強了氣勢,呈現流暢之美。

六 合敘法的運用功能

當我們閱讀古文時,常遇到文義難解,不知所措,如果能善用「合敘法」去理解,能解決一些難題,以下試舉兩個例子作說法:

(一)

> 聖人無常師,孔子師郯子、萇弘、師襄、老聃。郯子之徒、其賢不及孔子。孔子曰:「三人行,則必有我師。」是故弟子不必不如師,師不必賢於弟子。聞道有先後,術業有專攻,如是而已。(第一冊〈師說〉)

其中「是故弟子不必不如師,師不必賢於弟子。聞道有先後,術業有專攻,如是而已。」這段話一般理解,即是從字面去翻譯,例如啟功、劉石兩位先生的譯文說:

> 所以，弟子不一定就不如老師，老師也不一定必然比弟子強。
> 懂得真理，先後不同，專業各異，擅長不同，如此而已。[11]

這樣的解釋，突顯不出文章的重點。如果把該段話視為「合敘」的句子，文義即清楚又能突顯重點。

該句原為「是故弟子不必不如師，聞道有先後；師不必賢於弟子，術業有專攻，如是而已。」其中「弟子不必不如師」，是承接「郯子之徒，其賢不及孔子」，而「聞道有先後」是推論的結果，並且呼應文章前面「吾師道也，夫庸知其年之先後生於吾乎？」另外「師不必賢於弟子」是承接「孔子曰：『三人行，則必有我師。』」而「術業有專攻」是推論的結果，並且呼應文章前面「是故無貴、無賤、無長、無少，道之所存，師之所存也。」因此，能以合敘句子看待，文義承接明顯，推論配合文章的重點、文氣脈絡分明，古人的文章的精義才能體會到。

（二）

> 操吳戈兮被犀甲，車錯轂兮短兵接；旌蔽日兮敵若雲，矢交墜
> 兮士爭先。（第三冊〈國殤〉）

該段的文義，姜亮夫先生解釋說：

> 此章言戰陣之情，及士卒之勇。言國殤始從軍之時，手持大
> 盾，身被犀鎧而往。及戰爭既起；則戎車相迫，輪轂交錯，短
> 兵相接，兵士竟路趨敵，旌旗蔽天，敵人眾多，紛然如雲，兩

---

11 中華書局編輯部主編：《名家精譯古文觀止》（北京市：中華書局，1995 年），頁342。

軍相射，流矢交墜，壯夫奮怒，爭先在前也。[12]

姜先生所講的「戰陣之情，及士卒之勇」正是該段的提要，也是〈國殤〉篇的綱領。但是敘「戰陣之情」中，「車錯轂兮短兵接」與「旌蔽日兮敵若雲」有反常理，一般兩軍對陣，首先看到敵軍旌旗，再來對陣相殺，豈有先相殺，再看到敵軍旌旗，因此必須重新理解。

　　該段可視為合敘，原為「操吳戈兮被犀甲，旌蔽日兮敵若雲；車錯轂兮短兵接，矢交墜兮士爭先。」第一句是說戰爭出發前的準備，第二句是說兩軍對陣，敵軍眾多。第三句是說兩軍交戰，戰車接觸，互相砍殺。第四句是說我軍壯士奮勇殺敵。因此第一、二句說明敵我兵力懸殊，暗示戰爭勢必慘敗，為下文「凌余陣兮躐余行，左驂殪兮右刃傷；霾兩輪兮縶四馬，援玉枹兮擊鳴鼓；天時墜兮威靈怒，嚴殺盡兮棄原野。」埋下伏筆；第三、四句說明我軍壯士英勇，暗示士卒慷慨赴義，在所不辭，為下文「出不入兮往不反，平原忽兮路超遠；帶長劍兮挾秦弓，首身離兮心不懲。」埋下伏筆。

　　如果使用合敘法來分析可以成立的話，該段是〈國殤〉篇的「凡」，分為二：（一）是兩軍兵力懸殊，（二）是壯士英勇。〈國殤〉篇的第二、三段是「目」，也分別二：（一）是描寫我軍慘敗情況；（二）是描寫壯士犧牲無怨無悔。因此，〈國殤〉篇結構完整，凡目清晰可見。

　　另外該段為何要使用合敘法，因為押韻的關係。「甲」與「接」押葉韻，「雲」與「先」押文韻，如果不合敘，就不能押韻了。

12　（春秋）屈原撰，姜亮夫校注：《屈原賦校註》（臺北市：華正書局，1974年），頁265。

七 結語

　　以上是針對「合敘法」，在高中教材裡的運用情形，從定義、特點、種類、辨異、修辭功能，一直到運用的功能，作扼要地說明。

　　「合敘法」雖然不列入《文法與修辭》下冊內，但是在課文中經常被運用，因此在教學過程，適時地提出說明，是相當地有必要。希望能有益於學生的學習、模仿、進而培養創作的能力。

　　當然在二十一種修辭技巧之外，仍有許多修辭技巧經常出現在課文，值得大家重視。筆者藉此拙文，拋磚引玉，盼望開墾修辭園地，對學生提供鑑賞，寫作的參考。

　　　　　　——原刊於《臺北市第二屆教育行動研究成果發表會》，
高中篇論文發表組，臺北市政府教育局，二〇〇一年九月二十八日

參考文獻
（以引用先後為序）

一　專書

1. 國立編譯館主編　《文法與修辭》下冊　臺北市　國立編譯館　1987 年

2. 國立高雄師範大學國文系、中國修辭學會主編　《第二屆中國修辭學學術研討會論文集》　臺北市　中國修辭學會　2000 年

3. 楊樹達　《增訂本中國修辭學》　臺北市　世界書局　1969 年

4. 周翔聖　《古文辭格例解》　南昌市　江西高校出版社　1994 年

5. 河北省修辭學會編　《修辭學論文集》　石家莊市　河北教育出版社　1996 年

6. 鄭遠漢　《辭格辨異》　武漢市　湖北人民出版社　1982 年

7. 陳望道　《修辭學發凡》　上海市　上海教育出版社　1997 年

8. 中華書局編輯部主編　《名家精譯古文觀止》　北京市　中華書局　1995 年

9. （春秋）屈原撰；姜亮夫校註　《屈原賦校註》　臺北市　華正書局　1974 年

二　參考期刊

1. 周建成、馮汝漢　〈文言文中的合敘及其教學〉　《語文學刊》　1996 年第 1 期　1996 年

〈師說〉一文中被誤解的修辭

一　前言

　　民國八十八學年度，是教材嶄新時代的開始，因為開放民間的高中審定本。當時共有八家，可謂「百家爭鳴」、「各顯神通」，為了爭取教師的認同，在教材的形式、內容，力求突破傳統的窠臼，呈現與日俱新的面貌，誠然已故黃錦鋐教授形容說道：

> 各家都盡其所能延請專家負責其事，然現實市場的競爭，雖無表面的衝突，然暗中較勁的情形，可以從教科書的形式和內容看出來。
>
> 這次教科書的編輯，無論在形式和內容方面，都與過去不同。在形式上，從廿四開本的教科書，改為十六開本。而用彩色印刷，紙張也厚了許多，看起來倒是光彩艷麗，令人賞心悅目。在內容上，各家書局編輯人員都精心構思，別出心裁，希望在教學上收到最佳的效果。所以除了課文、題解、作者、注釋、問題與討論之外，另有課文賞析，課外學習，應用練習，有的教科書，還有課文結構表，使學生自己了解課文的結構，其他語文綜合練習，課外學習指引，創意思考研究，凡是可以提高學習語文程度的方法，都多方設計，以便教師教學，推銷自己的教科書。在另方面說，這是教科書開放民間發行的發展，以

競爭來促進教科書的大幅改進。[1]

各家書局彼此競爭，又能相互觀摩、改進，教材的完善是指日可待。

部編本長久以來，有不少被質疑的地方，雖然經過修訂，但是步調稍嫌緩慢。到了審定本的時代，有些疑義，終於獲得了修正。例如，宋代文壇領袖歐陽脩的「脩」，部編本自始至終皆作「修」。說也奇怪，當第一冊課本印出來，所有審定本，一夕之間，皆印成「脩」，讓人有耳目一新的感覺。

至於為什麼要把「歐陽修」改為「歐陽脩」呢？各家版本皆有說明原因[2]，但是很可惜似乎都不知道，吾師已故于大成教授，早在民國六十八年三月已經明確提出糾正，他說：

> 歐公名「脩」，脩字從肉攸聲，即束脩之「脩」，斷不可寫作從彡攸聲的修飾之「修」。故宮所藏歐公手書「付書局帖」（在宋諸名家墨寶冊內）、「端明侍讀留臺執事帖」（在宋人法書冊內）、「元珍學士尺牘」（在宋元寶翰冊內）、「集古錄跋尾」四通，其款書皆作脩；其中集古錄跋尾的第二通「跋漢楊君碑」，末且鈐一「脩」字名章。元徵明刻停雲館法帖中，亦收歐公「諫院舍人執事帖」，其署名亦是脩字，歐公自書瀧岡阡表石刻，在江西永豐縣，文中提及己名時，皆作脩字。歐公為韓琦作的晝錦堂記，係英宗治平二年知相川趙良規立石，蔡襄書丹，碑在河南南陽，文末署「尚書吏部侍郎參知政事歐陽脩記」。四部叢刊景元刊本歐公文集，凡文中有自書己名者，皆是脩字。蘇東坡撰居士集敘，末云：「歐陽子諱脩，字永叔」，

---

1 黃錦鋐撰：〈人文及社會學科教學通訊〉，第 11 卷第 3 期（2000 年 10 月），頁 21。

2 《高中國文科教師手冊》（臺北市：南一書局，2005 年），第 4 冊，頁 350。

東坡為歐公門下士，所書自不誤。歐公著述，若新唐書、五代史記、宗百川學海本洛陽牡丹記、汲古閣本六一詞、通志堂本詩本義譜，題銜皆作「歐陽脩」，宋史、宋文鑑中，凡歐公名皆作脩。〈醉翁亭記〉一文，仁宗慶曆八年三月，歐公嘗手書刻石亭上，嘉祐七年，公故人蘇唐卿知費（在山東），以書請公所作此文，唐卿自以篆文書之，刻石於費，末句作「太守謂誰？廬陵人歐陽脩也」，與元刊本文集、宋文鑑一致。今歐公手書之本不可見，而蘇唐卿既就歐公所寄之本書之，則與歐公自書者無異也。知歐公之名，實是「脩」。[3]

于師的考證歷歷，證據確鑿，鐵證如山。部編本多年來一直沒有更改，所幸審編本一開放，就立即更正，寂寞二十年總算有了結果。

部編本的疑義，也有的移轉到審定本，並沒有改變。例如，韓愈所寫的〈師說〉一文中「句讀之不知，惑之不解，或師焉，或不焉」，部編本認為是錯綜句，審定本沿用，而筆者認為「句讀之不知」此句是被誤解，它應該是合敘。

筆者曾經寫過教學心得，指出該句是合敘[4]。似乎沒有得到迴響，如今再努力嘗試，從合敘的形態，釋疑這個沉寂已久的誤解。

二　合敘法的內含

最早提出「合敘」現象的修辭法，應該是楊對達先生。民國十四

3　于大成撰：〈醉翁亭記研究中的幾個問題〉後語，《明道文藝》第 36 期（1979 年 3 月），收入劉崇義撰：《古典文學研學》（臺北市：木鐸出版社，1984 年 1 月），頁 197-202。

4　〈「句讀之不知，惑之不解，或師焉，或不焉」是錯綜句嗎〉，《國語日報》，2002 年 4 月 10 日。

年刻成《古書疑義舉例續補》[5]及民國二十四年出版《中國修辭學》[6]，前者書中提到「兩詞分承上文例」，在後者書中提出「合敘」。前者共有十三例；後者除了與前者相同的十三例外，再加上五例，共有十八例。

筆者嘗試將十八例，歸納五種：

（一）《後漢書・光武十王傳贊》云：「中山臨淮，無聞夭喪。」樹達按：姜宸英《湛園札記》卷一云：無聞指中山，夭喪指臨淮也。臨淮未為王而薨，無子，國除，故云。若中山享國五十二年矣，而李注云二王早終，名聞未著，非也。樹達按文自可云「中山無聞，臨淮早喪。」較為明白。[7]

（二）《漢書・高帝紀》云：「掾、主吏蕭何、曹參。」樹達按：上文明有「蕭何為主吏」之文，……而《漢書》則以蕭何、曹參分承上文，且又不依上文掾、主吏之序次，而蕭何於曹參之上，若非上有明文，則解者將不免以掾屬蕭何，主吏屬曹參矣。[8]

（三）《漢書卷五景帝紀》云：「中二年春二月令：諸侯王薨，列侯初封及之國，大鴻臚奏謚誄策。」樹達按：此謂諸侯王薨，大鴻臚奏謚誄，列侯初封及之國，大鴻臚奏策。[9]

（四）《漢書卷三十三魏豹傳》云：「齊楚遣項它田巴將兵隨市救魏。」樹達按：顏注云：「楚遣項它，齊遣田巴。」[10]

5　（清）俞樾等撰：《古書疑義舉例五種》（北京市：中華書局，1956 年 1 月），頁 222-226。

6　（清）俞樾等撰：《古書疑義舉例五種》，頁 157-161。

7　楊樹達撰：《中國修辭學》（臺北市：世界書局，1969 年 3 月，三版），頁 161。

8　（清）俞樾等撰：《古書疑義舉例五種》，頁 223-224。

9　（清）俞樾等撰：《古書疑義舉例五種》，頁 157。

10　（清）俞樾等撰：《古書疑義舉例五種》，頁 157。

（五）又卷五《漢書・景帝紀》云：「封故楚趙傳相內史前死事者四人子。」樹達按：文穎注云：「楚相張尚，太傅趙夷吾，趙相建德，內史王悍，此四人各諫其王無使反，不聽，皆殺之，故封其子。」[11]

　　為了解說的方便，使用一些代號及名稱如下：例如第一類的「無聞」承接上文「中山」，「夭喪」承接上文「臨淮」，合敘前是「中山無聞，臨淮夭喪」，「中山」用「A」表示，「無聞」用「A1」表示，「臨淮」用「B」表示，「夭喪」用「B1」表示。「中山」與「臨淮」是並列的關係，稱「合提」，「無聞」與「夭喪」是分別承接「中山」與「臨淮」，稱「分承」。第三類「大鴻臚奏謚」是「A1」「B1」共有部分，用「×」表示。第五類「相」、「傳」皆承接「楚」，「相」用「A'」表示，「傳」用「A'1」表示。

　　如果使用上述的代號及名稱，楊樹達先生提出的「合敘」，歸納五種分類，其形態是：

第一類：ABA1B1（「A1B1」承接「AB」是順承）

第二類：ABB1A1（「B1A1」承接「AB」是逆承）

第三類：AB×A1B1（與第一類比較，多出「×」）

第四類：AB×B1A1（與第二類比較，多出「×」）

第五類：ABA'1B'A'B'1（「A'1A'」共承接「A」，「B'B'1」共承接「B」）

　　那麼「合敘」的內含可以了解到基本的要素與認識：

第一，合敘必須有「合提」與「分承」的組合。

第二，「合提」的「A」「B」是並列的關係。

第三，「分承」承接「合提」，只要承接得上，文義通曉即可。包含順承，逆承。

---

11 （清）俞樾等撰：《古書疑義舉例五種》，頁158。

第四，「分承」會出現「共承」的情形。

三 「合敘」的兼容並蓄

（一）「合敘」的擴大

大陸學者張博先生就古漢語「分承」的特殊形態，從分承的次序、項數與次數三方面對分承的特殊形態作簡要的敘述與分析。張博先生說到：

（一）逆反分承：逆反分承是指兩個後項逆序承接兩個前項，即後項第二語承前項第一詞語，後項第一詞語承前項第二語。例如《論衡・問孔》「水火燒溺人」中，後項第二詞「溺」承接前項第一詞「水」，後項第一詞「燒」承前項第二詞「火」，應能理解為「水溺人，火燒人」……

（二）多項分承在一般的分承結構中，前項和後項各有兩個詞語，可稱為兩項分承。如果相承接的前項和後項各含兩個以上的詞語，則為多項分承。例如：10心欲富貴全壽，而今貧賤死夭。（《韓非子・解老》）……例10的前項和後項各是三個詞語並提，「貧」承「富」而言，「賤」承「貴」而言，「死夭」承『全壽』而言，屬三項分承，應理解為「心欲富，而今貧；心欲貴，而今賤；心欲全壽，而今死夭。」

（三）二次分承：從分承詞語相承的次數來看，分承一般表現為兩個後項分別一次承接兩個前項，這種情況可稱為一次分承。二次分承是指兩個中項分別承接兩個前項，兩個後項再分別承接兩個前項和中項。例如：12其高下之勢，岈然洼然，若垤若穴。（柳宗元〈始得西山宴遊記〉）……例12「岈然」承

「高」而言，「若垤」又承「高」與「岈然」而言；「洼然」承「下」而言，「若穴」又承「下」與「洼然」而言。應理解為「其高之勢岈然若垤，其下之勢洼然若穴。」

（四）特殊形態的文疊：上述分析使我們看到，逆反分承、多項分承和二次分承分別在分承的次序，項數和次數方面與兩項順序一次相承的一般形態形成差異，其結構顯得特殊而複雜。但是如果對分承辭格特殊形態的認識僅限於此，那是遠遠不夠的。因為以上三種特殊形態有時還會交合重疊，從而呈現出更為複雜和特殊的結構的形式。例如：14龕下石縱橫羅列，偃者，側者，立者；若床，若屏，若几，可席，可憑，可倚。（薛瑄〈遊龍門記〉）……例14是多項分承與二次分承的交疊，應理解為：龕下石縱橫羅列，偃者若床，可席；側者若屏，可憑；立者若几，可倚。[12]

所舉的第一類「逆反分承」，「水火燒溺人」即是「ABB1A1」形態，所舉的第二類「多項分承」，「心欲富貴全壽，而今貧賤死夭」，即是「ABC×A1B1C1」；所舉的第三類「二次分承」，「其高下之勢，岈然洼然，若垤若穴」，即是「AB×A1B1A2B2」形態；所舉的第四類「特殊形態的文疊」，「龕下石縱橫羅列，偃者，側者，立者；若床，若屏，若几；可席，可憑，可倚。」即是「ABCA1B1C1A2B2C2」形態。

除了所舉的第一類與基本認識相同外，值得注意有三項：第一，所舉的第二類「多項分承」，即是「合提」不限原有「AB」，可增加多項，C……。第二，所舉的第三類，「二次分承」，即是分承的次數不限一次，有A2……。第三，所舉的第四類，「特殊形態的交疊」，

---

12 張博撰：〈古漢語「分承」的特殊形態〉，《修辭學習》（1997年3月），頁31。

即是第二與第三的綜合。以上三點的補充，可以增加「合敘」的運用廣度擴大，應可分併看待。

（二）「丫叉句法」的納入

民國六十八年大陸學者錢鍾書在《管錐篇》[13]提出「丫叉句法」，依據錢先生所舉的例子，可分三種形態。

第一，《史記・老子，韓非列傳》：「鳥吾知其能飛，魚吾知其能游，獸吾知其能走；走者可以為罔，游者可以為綸，飛者可以為矰。」……亦皆先呼後應，有起必承，而應承之次序舉起呼之次造次。[14]

第二，杜甫〈寄張十二山人彪〉：「草書何太苦，詩與不無神；曹植休前輩，張芝更後身，數篇吟可老，一字買堪貧」三、四句逆接一、二句，而五、六句又順接三、四句。[15]

第三，《列子・仲尼》篇：「務外游不務內觀，外游者求備於物，內觀者取足於身，取足於身，游之至也，求備於物，游之不至也。」第二、三句於第一句順次申說，第四、五、六句於第二、三句逆序說。[16]

不知第一例「鳥吾知其能飛，魚吾知其能游，獸吾知其能走；走者可以為罔，游者可以為綸，飛者可以為矰。」合提「鳥、魚、獸」三句，分承是逆序，可知該句的形態是：ABCC1B1A1。

第二例「草書何太苦，詩興不無神；曹植休前輩，張芝更後身；數篇吟可老，一字買堪貧。」句，「曹植」句、「張芝」句逆承一、二

13 錢鍾書撰：《管錐篇》（北京市：中華書局，1979 年 10 月）。
14 錢鍾書撰：《管錐編》第一冊，頁 13、1383、1384。
15 錢鍾書撰：《管錐編》第一冊，頁 13、1383、1384。
16 錢鍾書撰：《管錐編》第一冊，頁 13、1383、1384。

句,「數篇」句、「一字」句順承三、四句,可知該句的形態是:ABB1A1B2A2。

第三例「務外游不務內觀,外游者求備於物,內觀者取足於身,取足於身,游之至也,求備於物,游之不至也。」合提「務外游」、「不務內觀」二句,後面分承總逆承,兩句相同的部分有「務」、「游之至也」,因此,該句的形態是:XABB1A1X。

值得注意,這三個例的形態皆是逆承。第一例:ABCC1B1A1,是多項逆承;第二例:ABB1A1B2A2是兩項多項逆承;第三例:XABB1A1X,是兩項逆承加上重複的「X」。所以整個丫叉句法,即是合敘中的逆承部分,應可將丫叉句法納入合敘。

(三)「合敘」的辨析

有一些貌似「分敘」的句子,值得辨別,釐清真相,以免混淆。例如:「每至晴初霜旦,林寒澗肅。(《水經注・江水》),趙京戰先生駁斥說:

> 此句意實謂「晴初或霜旦,都是林寒澗肅」,它們之間沒有對應承接關係。[17]

依據合敘的形態看,「每至晴初霜旦,林寒澗肅」句,「林寒澗肅」分別承接上文「晴初」及「霜旦」,也就是,分承和成分是相同,其形態是:ABX,A1=B1。既然有「A」「B」合提,也有分承現象,基本要素皆有,應視為合敘。不能因為 A1=B1,就不能視為合敘。

又例如:曹操比於袁紹,則名微曹操比於袁紹,則名微而眾寡。

---

17 趙京戰撰:〈試論古漢語中的合提分承句〉,《雁北師院學報(文科版)》1995 年 2 期(1995 年),頁 1。

（《三國志：諸葛亮傳》）趙京戰先生駁斥說：

> 曹操與袁紹並不是聯合詞組，「名微、眾寡」都是指曹操而言，其間根本沒有合提分承關係。[18]

「曹操比於袁紹，則名微而眾寡」句，再者「名微而眾寡」是只承接「曹操」，「袁紹」沒能被承接，分承不完全，因此不符合「合敘」基本的要素，不能算是「合敘」，此例趙京戰駁斥甚是。

四　「合敘」與「互文」

「合敘」在形式上，與「互文」有雷同的地方，須分別清楚，避免混淆。兩者的分別，誠然如趙京戰先生解說：

> 古文中的「互文」，與合提分承句正好相反，是把共同的東西分開來加以敘述，看起來好像是合提分承句的逆現象，即「分提合承」現象。[19]

現依趙世舉先生所舉的例子作說明：

4. 自非亭午夜分，不見曦月。（酈道元《水經注》）
5. 枝枝相覆蓋，葉葉相交通。（〈古詩為焦仲卿妻作〉）
例4本來要表述「亭午」和「夜分」兩種情況，而作者把它們合在一塊說。理解時必須拆成「自非亭午，不見曦；自非夜分，不見月。」這就是合敘。例5「枝」和「葉」本是相連的，決不會是「枝枝」和「葉葉」分別「相覆蓋」、「相交

---

18 趙京戰撰：〈試論古漢語中的合提分承句〉，頁 1。
19 趙京戰撰：〈試論古漢語中的合提分承句〉，頁 1。

通」，故而必須合起來理解方能足意，即「枝枝葉葉相覆蓋，枝枝葉葉相交通」這是互文。[20]

「自非亭午夜分，不見曦月。」句，是合敘基本形態是：$XABXA_1B_1$。而「枝枝相覆蓋，葉葉相交通。」句是互文基本形態是：AA_1BB_1。原句是「AA_1B_1」、「BA_1B_1」；而合敘的原句是「$XAXA_1$」、「$XBXB_1$」，如果扣掉「X」，是「AA_1」及「BB_1」，為了與互文相比對，合敘句成為「AA_1A_2」及「BB_1B_2」，下面列表比較。

	基本形態	原來句型
合敘	$ABA_1B_1A_2B_2$	AA_1A_2, BB_1B_2
互文	AA_1, BB_1	AA_1B_1, BA_1B_1

第一，從原來句型看，「合敘」的「A_1A_2」、「B_1B_2」是承接的關係；「互文」的「A_1B_1」、「A_1B_1」是相同的部分，也是並列的結構。

第二，從基本形態看，「合敘」是合提，與分承組合而成；「互文」沒有合提，各承接的部分省略不相同的部分。

五 「合敘」與「錯綜」

「合敘」在形式上與「錯綜」，皆有承接的現象，但表達的位置不同，仍會混淆，值得作分辨。

依趙世舉先生所舉的例作說明：

---

20 趙世舉撰：《古漢語易混問題辨析》（西安市：陝西人民出版社，1989 年 8 月），頁234。

2.耳目聰明，齒牙完整。(《後漢書：華陀傳》)

3.使人意奪神駭，心折骨驚。(江淹〈別賦〉)

例2.是合敘，例3.屬錯綜。「耳目聰明」和「心折骨驚」，本來它們各自內部都應該是兩個並列的主謂式，即「耳聰目明」、「心驚骨折」。但在上面兩例中語序都有所調整。就這一點來說，它們似乎相同。其實是有別的，觀察語序調整的具體情況就可以發現，它們調整的方式和結果都不相同。我們可以用一個簡圖來標示這兩例的調整情況。(箭頭前邊的是它們本來應該採用的形式，後邊的則是調整後的情形，即上例的情況)。

例2：主1＋謂1＋主2＋謂2→主1＋主2＋謂1＋謂2

例3：主1＋謂1＋主2＋謂2→主1＋謂2＋主2＋謂1

從上圖可清楚地看出，它們語序的調整方式是不同的。這是就這兩個具體的句子來說，如果推而廣之，我們可得出這樣一個結論：一般地說，合敘是把兩個語句的相同成分相合併(即主語與主語合，謂語與謂語合，賓語與賓語合……)；而錯綜，或是把兩個語句的某一成分相對調(如例3是兩謂語對調)，或者只把一個語句中的語序顛倒(如前一題中例4把「谷風習習」說成「習習谷風」。)。[21]

趙世舉先生把兩者的差異，說得很詳細且明白。如果使用筆者形態方式說明也能標示清楚。例2「耳目聰明」即是：ABA1B1，例3「心折骨驚」即是AB1BA1。兩者列表說明：

---

21 趙世舉撰：《古漢語易混問題辨析》，頁 232-233。

	基本形態	原來句型
合敘	ABA1B1	AA1BB1
錯綜	AB1BA1	AA1BB1

第一，從原來句型看，合敘與錯綜是相同。

第二，從基本形態看，「合敘」是合提與分承組合而成；「錯綜」沒有合提、分承，只將承接的部分，互調而已。

　　所以，「合敘」與「錯綜」的分野，是很清楚，不過有些專家學者仍有混淆，例如，董季棠先生所著《修辭析論》提到：

> 20.昔伯牙絕絃於鍾期，仲尼覆醢於子路；痛知音之難遇，傷門人之莫逮。
>
> 應該「伯牙」句緊接「痛知者」，「仲尼」句緊接「傷門人」。作者卻把它交蹉起來，成為一、三句一組，二、四句一組的形式。這樣的安排，雖然交蹉，卻最整齊的。還有交蹉得不整齊的，像陶淵明的〈歸去來辭〉：
>
> 21.或命巾車，或棹孤舟；既窈窕以尋壑，亦崎嶇而經丘。
>
> 「巾車」是「經丘」的，「孤舟」是「尋壑」的。而作者把它交蹉起來，成為一、四句一組，二、三句一組，就不整齊了。[22]

董季棠先生的解說，扣掉「交蹉」，其餘的完全是說「合敘」的基本形態。「昔伯牙」句是ABA1B1，「或命巾」句，是ABB1A1。兩句的特色，皆有合提，「交蹉」的句子，沒有合提，只有承接的部分互換而已。

　　又例如，陳蒲清先生所著《文言基礎知識問答》提到：

22　董季棠撰：《修辭析論》（臺北市：益智書局，1983 年 12 月，二版），頁 405-406。

錯綜便是耐相關的事在同時交錯提出。……11鳥吾知其能飛，魚吾知其能游，獸吾知其能走。走者可以為罔，游者可以為綸，飛者可以為繒。(《史記‧老莊申韓列傳》) ……例11應承的次序與前文的次序相反，錢鍾書先生稱為「丫叉句法」(《管錐編》)。[23]

陳蒲清先生的解說，扣掉「交錯」，其餘的解說，皆符合「合敘」的特色，「鳥吾知」句的形態是：ABCC1B1A1。「丫叉句法」前面提過，是可以合併在「合敘」內。基本上的誤解，依然是在錯綜沒有合提。

六 〈師說〉中「合敘」的句子

有了以上的認識：從「合敘」的基本形態、兼容並蓄以及與「合敘」相似的「互文」、「錯綜」的辨析，回過頭來，查看〈說師〉一文的「句讀之不知」句，是否為錯綜。

部編本對「句讀之不知」句的注釋有三道歷程：

第一次是，「這是交錯排列的句法」。[24]

第二次是，「此為錯綜句法」。[25]

第三次是，沒有解說。[26]

「句讀之不知，惑之不解，或師焉，或不焉」句，其形態是ABA1B1。是標準的「合敘」，基本的誤解，還是沒有注意到，「錯綜」是沒有合提的。[27]

---

23 陳蒲清撰：《文言文基礎知識問答》(長沙市：嶽麓書社，2002 年 1 月)，頁 255-256。

24 1971 年 8 月初版，頁 23。

25 1984 年 8 月新編本，頁 85。

26 1994 年 8 月改編初版。

27 黃春貴：〈韓愈《師說》精講下〉，《國文天地》1999 年 12 月 (1999 年 12 月)，說到

　　而〈師文〉一文中，不只是「句讀之不知」句是「合敘」，尚有其他的例子，例如：「生乎吾前，其聞道也，固先乎吾，吾從而師之；生乎吾後，其聞道也，亦先乎吾，吾從而師之。吾師道也，夫庸知其年之先後生於吾乎？」[28]

　　「生乎吾前」句，與「生乎吾後」句是合提，兩句有相同的部分，「吾師道也，夫庸知其年之先生於吾乎」句，承接上文「生乎吾前」句，「吾師道也，夫庸知其年之後生於吾乎」句，承接上文「生乎吾後」句，承接句子也有相同的部分，因此該句的形態是：AXBXA1B1，屬於二項分承。

　　又例如：「古人聖人，其山出人也違矣，猶且從師而問焉；今之眾人，其下聖人也亦遠矣，而恥學於師。是故聖益聖，愚益愚，聖人之所以為聖，愚人之所以為愚，其皆出於此乎？」

　　「古之聖人」句，與「今之眾人」句是合提，兩句有相同的部分，「聖益聖」承接上文「古之聖人」句，「愚益愚」承接上文「今之眾人」句，「聖人之」句承接上文「聖益聖」，「愚人之」句承接上文「愚益愚」。兩句有相同的部分，因此該句的形態是：AXBA1B1A2XB2，屬於二次分承。

　　能將「句讀之不知」句釋疑，同時檢視〈師說〉一文，有不少「合敘」的句子，可以窺知韓愈善用「合敘」。

七　結語

　　閱讀中醫的古文，也需講究修辭，例如：

　　「句讀」句是以合敘、錯綜的修辭技巧寫成，並未明確指出合敘。

28　劉征：〈談文言文中的合敘〉，《雲南教育（基礎教育版）》1981年6期（1981年6月），曾指出該句最合敘，頁37。

古書中常見分承句式，可以根據分承句式特點，剖析較複雜的合敘句，顯示全句的含義，如：「春夏秋冬孟月之脈，仍循冬春夏秋季月之常。」(《醫門法律‧秋燥論》)

這是四套主賓平行結構順承的合敘句，謂語是「循」，它的結構高度凝集。不弄通分承修辭句式特點和醫理，就將不知所云。此句析成四套平行結構如下：

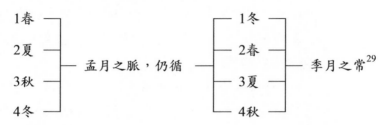

1春
2夏
3秋
4冬

孟月之脈，仍循

1冬
2春
3夏
4秋

季月之常[29]

「春夏秋冬孟月之脈，仍循冬春夏秋季月之常」句，的確是「合敘」，其形態是ABCDXA1B1C1D1，屬四項分承。

如果無法正確掌握「合敘」，來了解中醫古文，不只是「將不知所云」，很可能因為誤解而影響到下藥，那後果更是不堪設想！

讀古文無法掌握正確修辭，頂多誤會句義；而讀中醫古文，如果誤解，關係更大！總之，能運用正確的修辭，解讀古文是多麼重要！

釐清教材的疑義，是教師的職責。筆者不揣淺陋，茲將多年來的疑義，作一釐清，〈師說〉中的「句讀之不知」句，被誤解是錯綜，應是「合敘」，同時將「合敘」的形態，作明確交代，盼能正確的掌握與運用。敬請方家指正為荷！同時，不敢奢望能有「一夕之間」的更正；只希望教材的疑義，能儘量釋盡，完善的教材，為期不遠！

——原刊於《建中學報》第十八期，二〇一二年十二月

29 遼寧中醫院編：《醫古文》(瀋陽市：遼寧科學技術出版社，1986 年 12 月)，頁 168。

參考文獻

一 專書（以引用先後為序）

于大成 《古典文學研學》 臺北市 木鐸出版社 1984年1月

《高中國文、第四冊教師手冊》 臺南市 南一書局 2005年2月再版

俞樾等 《古書疑義舉例五種》 北京市 中華書局校點排印 1984年1月

楊樹達 《中國修辭學》 臺北市 世界書局 1969年6月 三版

錢鍾書 《管錐編》 北京市 中華書局 1979年10月

趙世舉 《古漢語易混問題辨析》 西安市 陝西人民出版社 1989年8月

董季棠 《修辭析論》 臺北市 益智書局 1983年12月再版

陳蒲清 《文言文基礎知識問答》 湖南市 嶽麓書社 2002年1月

遼寧中醫醫院 《醫古文》 瀋陽市 遼寧科學技術出版社 1986年12月

二 期刊論文（以引用先後為序）

黃錦鋐 〈高中國文教科書的過去現在與未來〉 《人文及社會學科教學通訊》 2000年10月

張 博 〈古漢語分承的特殊形態〉 《修辭學習》 1997年3月

趙京戰 〈試論古漢語中的合提分承句〉 《雁北師院學報（文科版）》 1995年第2期

黃春貴　〈韓愈《師說》精講下〉　《國文天地》　1999年12月
劉　征　〈談文言文中的合敘〉　《雲南教育（基礎教育版）》　1981
　　　　年6期　1981年6月

三
寫作美學

試說譬喻法的意象在篇章中的運用
── 以國中生的學習與創作為例

一　前言

　　近些年來教育的問題層出不窮，尤其令國文老師發人深省的事，有兩件。

　　第一是去年國中基測作文有兩千五百位學生得到零分。《聯合晚報》社論說：

> 若換從社會議題角度來看，那麼，今年基測作文項目有兩千五百人得到零分，這件事應該比某篇六級分作文究竟是怎麼寫的，受到更多重視吧！一千個孩子作文完全空白，八百個孩子只抄了題目；還有幾百個寫了，卻被評為零分。他們受過九年教育，卻不具備最基本的文字表達與溝通能力。這不該是社會更值得關心的題目，更需要照顧的對象嗎？[1]

接著任懷鳴先生評論說：

> 事實上，中小學教師在教學現場中便發現，許多孩子數學、自然（其他科目也差不多）考不好，並非真的不會，而是因為「看不懂題目」。「閱讀能力」不單指識字多寡，還包括閱讀理

1　《聯合晚報》，社論，2012 年 6 月 21 日。

解、關鍵訊息提取、以及訊息推理,而作文則更涉及了文字組織等更高層次的能力;因此,如果臺灣十五歲的孩子(PISA的施測年齡層,也是考基測的年紀)有百分之十五‧六閱讀能力根本不及格,那麼,基測作文有兩千五百人考零分,也就不足為奇了![2]

第二是民國九十八年三月七日,李家同教授針對國小四年考修辭,發表評論說:

> 這份給小學四年級學生的考題,令我傻眼,我一題也不會做,我將考卷寄給幾百位我的好友。所有回信者都說不會,只有兩位試做,答案也都不同。我的好友中包含了多位大學校長和教授,他們一致的反應是:題目太難了,小學生不該學這些東西。究竟難不難?我最後求教於兩位大學的中文系教授,他們也不會,而且他們都說這是修辭學的範圍,小孩子怎麼可以學這種玩意兒?……不會這些修辭學,有沒有關係?對我而言,顯然是沒有關係,因為我看得懂文章,也能寫文章。我的那些朋友,也都不會「遞進」和「承接」,照樣在社會生存,好幾位非常出人頭地。我為了小心起見,又去問了幾位中文系教授,他們都說學了這些學問,無助於小學生的國文程度。我們大家每天都會讀文章,有那一位是因為知道每一句話的修辭格以後才瞭解文章的意義的?又有那一位在寫某一句話的時候,知道這個句子屬於那個修辭格的。……問題是:主管教育的政府官員知不知道小學生的痛苦呢?我建議教育部的大官們做做這份考卷。做完以後,總該採取一些行動吧,我們的小孩子太

2　任懷鳴撰:〈兩千五百個孩子基測作文零分　為什麼得不到重視?〉,《臺灣立報》,2012 年 7 月 26 日。

可憐了。[3]

接著《聯合報／黑白集》評論說：

> 許多上一代的人從未學過修辭學，文章照樣寫得精采通暢；現
> 在小學就上修辭，反倒教出許多連句子都寫不完整的學生，這
> 不是揠苗助長嗎？更何況，小四上的只是「國語」課，不能讓
> 孩子先好好學會講話嗎？ 多年來，不知道有多少家長和孩子
> 們活在恐怖的修辭的夢魘中，苦苦掙扎，卻投訴無門；最後，
> 只能藉李家同教授的投書代為反映其疑惑與不滿。僅從這個過
> 程，教育體系的知覺遲緩已一覽無遺了。教育部！這回你聽見
> 了。[4]

緊跟著張曉風教授評論說：

> 唯有當一個國家不能思考真理與邏輯，才會鑽研修辭學這種
> 「丁豆」的學問。若拿她的作品來出修辭學考題，恐怕連她自
> 己都會被考倒。……小學生學中文，不會被「映襯」或「設
> 問」等修辭感動，而是文章本身。[5]

廖玉蕙教授也評論說：

> 修辭不是不能教、不需教，修辭學得好，話可以說得動聽，行
> 文將更為細緻、優美，對人生絕對有加分作用。但是，在小學
> 裡賣弄這款專業名詞，讓學生強加辨識其中細微的區分或生吞
> 活剝乾澀的定義，名為「教學」之需，其實無異於「荼毒」，

3　李家同撰：〈天啊！小四考這個？可憐可憐孩子吧〉，《聯合報》，2009 年 3 月 7 日。
4　〈老師把國語變恐怖了！〉，《聯合報》（黑白集），2009 年 3 月 8 日。
5　姜穎：〈張曉風：小學念修辭學 走共黨老路〉，《聯合晚報》，2009 年 3 月 9 日。

徒然敗壞孩子學習的興味。……因此，與其絞盡腦汁解剖那些文字和詞語或拿夾纏不清、讓人越學越困惑的文法來考試，不如就帶領學生老老實實、從頭到尾閱讀一篇好文章，靜聽他們談談讀後心得，給他們拍手鼓勵，讓孩子們享受跟老師同一國的溫暖。[6]

教育部針對學修辭作了說明：

國教司科長吳林輝表示，目前實施的九年一貫語文課綱，小一到小三要「能分辨並欣賞文章中的修辭技巧」，有些小學老師「認真過頭」，補充很多艱澀的修辭學，甚至以此出考題。他強調，小學生學修辭「只能欣賞，不能考試」，如果還有老師被檢舉出修辭學考題，教育部將會予以「糾正」。

吳林輝說，100學年度開始實施的九年一貫新課綱，改成小五才學「修辭」，也僅止於在閱讀能力上，能理解簡易的文法及修辭，寫作能力則要求「簡單」的修辭技巧，並練習應用在寫作上。他認為，小學老師不必教太多修辭學，那是大學國文系才要學的東西。[7]

　　反省上述二個問題：第一學生基測作文考零分，老師責無旁貸，必需負起責任。應思索是否有更有效的方法，指導學生學習作文。第二分兩點，首先學習修辭適不適合在國小實施，這是教育決策者決定的事（已決定改從小五才學）。其次學習修辭從考試角度上看，備受批評，或有可議；不過從學習修辭的目的上看，不容抹殺，因為學習修辭的目的在於表達能力的培養。或許學習修辭的目，不容易彰顯，

6　廖玉蕙：〈跟孩子站在同一邊〉，《聯合報》，2009 年 3 月 18 日。
7　王彩鸝：〈教部：修辭學可欣賞　不准考〉，《聯合晚報》，2009 年 7 月 28 日。

以致修辭被不正常的眼光看待等等（例如，這種玩意兒、揠苗助長、「丁豆」的學問、「荼毒」）。應思索更有效的方式，能彰顯學生因為學習修辭，而有助於表達能力。

事實上，學生的表達的能力即是表現在作文寫作上，因此，這二個問題可以合併看待，如果有創新的作文教學方法，又能將修辭與作文結合，或許不失為解決之道。

最近教育部公布《國民中小學九年一貫課程綱要語文學習領域（國語文）》，針對寫作能力方面，在分段能力指標說：

> 第三階段（5-6年級）6-3-6-1能理解簡單的修辭技巧，並練習應用在實際寫作。第四階段（7-9年級）6-4-6-2能靈活的運用修辭技巧，讓作品更加精緻優美。[8]

可見運用修辭在寫作上是明確的方向，學生在課堂上學習範文，吸取修辭技巧，然後運用在作文寫作上，藉此可評量學生學習的成效。誠然吾師陳滿銘教授說到：

> 透過範文來指引學生作文，而由學生的作文來驗收範文教學的成績，以使學用合一，提高國文教學的效果。[9]

因此，筆者願意嘗試，從修辭角度，指導學生作文外，再驗收學生的成果。本文鎖定在譬喻法的意象在篇章的運用為嘗試新的教學方式，以國中基測的六級分作文（抽樣）為驗收對象。

---

8 教育部民國 100 年 4 月 26 日國民教育司網站公布「國民中小學九年一貫課程綱要語文學習領域（國語文）」。

9 陳滿銘撰：《作文教學指導》（臺北市：萬卷樓圖書公司，1994 年），頁 6。

二　修辭與篇章的關係

修辭與篇章的關係，古代劉勰講得很明白，所著《文心雕龍·章句》說到：

> 夫人之立言，因字而生句，積句而成章，積章而篇，篇之彪炳，章無疵也；章之明靡，句無玷也；句之精英，字不妄也；振本而末從，知一而萬畢矣！……句句數字，待相接以為用；章總一義，須意窮而成體。

一篇文章，由字、句、章到篇組織而成，每一環節都互相牽動，因此字、句、章與整個「篇」皆有關係，而修辭關於字、句、章的錘煉，必須照顧到全篇。誠然鄭振峰《篇章應用通則》說道：

> 劉勰的這段精闢地論述了篇章修辭的重要性；文章中每一個詞、句、章節都與整個篇章密切相關，都是全篇的有機組成部分，如果有一地方欠妥當，整個文章就要受到損害，一個作家在確定了作品的主題思想以後，一定要從文章整體著眼，注意個篇章的修辭錘煉，這就猶如參天大樹有了根本，震動根本，樹動根本，樹上的枝葉也隨之搖動，則「知一而萬畢矣」。[10]

吾師蔡宗陽教授也說到：

> 一般人誤以為修辭學，僅限於「用字」「造字」，其實還有「裁

---

10 齊元濤、王立軍、鄭振峰、趙樂清撰：《篇章應用通則》（瀋陽市：春風文藝出版社，2000 年），頁 187。

章」「謀篇」[11]

所以，修辭與篇章形成密不可分的關係，譬喻在篇章的運用應是理所當然。

三　散文的意象

所謂「意象」最早出現在《易經·繫辭傳》，說到：

聖人立象以盡意，

因此「象」是指外在事物，「意」是指內在的含意。後來劉勰將「意象」合一運用，《文心雕龍·神思》說到：

獨照之匠，窺意象而運斤。

即是將「意象」運用在創作之上面。此後「意象」成為文藝理論探討的重心，例如，唐代司空圖《詩品·縝密》說：

是有真跡，如不可知。意象欲出，造化已奇。

即是明顯的例子。就散文而言，「意象」可說是主、客體交感的產物，萬陸先生闡釋說：

散文作為一種載體，它既是創作主體將客體現實中潛在的美物化，蘊蓄自己的審美觀照的憑借，是寄寓自己的感受與意念，以傳導自己鮮活獨特的精神個性的一種可以聽於耳、見於目、

---

11 吾師蔡宗陽教授撰：〈修辭與作文教學〉，收入《修辭論叢》第二輯（高雄市：國立高雄師範大學、中國修辭學會 2000 年），頁 301。

感於身的實體；又是接受主體從中捕捉創作主體蘊蓄於其中的
審美觀照的蛛絲馬跡，覓取寄寓精神個性的信息，以便復活那
逝去了的但又曾經活過的歷史與人，並且同時也激起自己的心
理反應的中介。所以作載體的散文，便同時具有創作終點和意
象物化的雙向義，兼具主客體的二重性。[12]

其中「自己的感受與意念」是主體的「意」，「客觀現實中潛在的美物
化」是客體「象」，對這種意與象的關係，運用格式塔心理學家可以
闡釋，李澤厚先生在《審美與形式感》一文中說道：

不僅是物質材料（聲、色、形等等）與視聽感官的聯繫，而
更重要的是它們與人的運動感官的聯繫。對象（客）與感受
（主），物質世界和心靈世界都是處在不斷的運動過程中，即
使看來是靜是的東西，其實也有動的因素……其中就有一種形
式結構上巧妙的對應關係和感染作用……格式塔心理家則把這
種現象歸結為外在世界的力（物理）與內在世界的力（心理）
在形式結構上的「同形同構」或者說是「異質同構」，就是說
質料雖異而形式結構相同，它們在大腦中激起的電脈衝相同，
所以才主客協調，物我同一，外在對象與內在情感合拍一致，
從而在相映對的對稱、均衡、節奏、秩序、和諧……中產生美
感愉快。[13]

「意」與「象」經由「異質同構」的作用，產生了美感。而「意」與
「象」就辭章的角度看，吾師陳滿銘教授歸納解釋說：

---

12 萬陸撰：《中國散文美學》（鄭州市：中州古籍出版社，1989 年），頁 112。

13 李澤厚撰：《李澤厚哲學美學文選》（臺北市：谷風出版社，1987 年），頁 503-504。

> 大體而論，辭章內容的主要成分，不外情、理，與事、物
> （景）。其中情與理為「意」，屬核心成分；事與物（景）乃
> 「象」，為外圍成分。[14]

把外圍的「象」分為事與物（景），把核心的「意」分為情與理。而
「意」與「象」的結合，屬於「形象思維」，吾師陳滿銘教授說到：

> 如果是將一篇辭章所要表達之「意」，訴諸各種偏於主觀之聯
> 想、想像和所選取之「象」連結在一起，或者就個別之
> 「意」、「象」等本身設計其表現技巧的」皆屬「形象思維」
> （運用典型的藝術形象顯示各種事物的特質）。[15]

因此，主體的「意」分為情與理，客體的「象」分為事與物（景）。
「意」總結散文的「意象」，可以說是作者運用外在事與物（景）的
「象」，表達自己情與理的「意」。

四　譬喻的意象

譬喻的四要素：主體、喻詞、喻體、喻旨。而基本的定裁是打比
方，袁暉先生解釋說：

> 比喻就是們平常所說的打比方……可以說，比喻是利用乙事物
> 來說明與其本質不同而又有相似之處的甲事物的一種修辭手
> 法。[16]

---

14 吾師陳滿銘教授撰：〈論篇章辭章學〉，《國文學報》第 35 期（2004 年 6 月），頁 39。
15 吾師陳滿銘教授撰：〈論篇章意象之真、善、美〉，《成大中文學報》第 27 期（2009
　　年 12 月），頁 92。
16 袁暉撰：《比喻》（合肥市：安徽人民出版社，1982 年），頁 1-2。

其中「甲事物」是本體,「乙事物」是喻體,甲乙是本質不同 的事物。譬喻法就是用乙事物譬喻甲事物的修辭方法。

而把篇章的「意象」運用在譬喻法,所謂的「意」是「乙事物」,也就是前段所說的主體「情與理」;所謂的「象」放在譬喻句外作呈現,也就是前段所說的客體「事與物(景)」。

在篇章運用「譬喻法」,句外的「象」是對「主體」,加以描摩,產生「意象」,萬隆先生闡釋說:

> 散文的意象則首先表現為以主體情意灌注,連接的多重組合畫面。……畫面是散文意象產生美感的重要因素,是作者將主體情思寓於其中,使之具象化的藝術結晶,也是激起讀者思緒的波瀾,產生感情共鳴的直接因子。[17]

此「畫面」是「象」描摩的呈現,具有深層結構[18],因而產生美感形象,使「喻體」「意」更能彰顯。舉例說明,例如,簡媜〈問候天空〉:

> 有一天,路過淡水,見平疇綠野之上,太陽在一堆潑墨也似的烏雲之中掙扎。時滅時顯的光線,在天空中掙脫著要出來。我突然驚訝,內心深深地感動著。大自然無時無刻不在做教我認識世界,傳授給我力量新生的秘訣。天下沒有永遠陰霾的天空,只要讓生命的太陽自內心昇起。我感受到日出的驚喜。……於是,昂首問候天空,伸指彈去滿天塵埃,扯雲朵拭亮太陽。從今起,這萬里長空,將是我鑲著太陽的桂冠。

---

17 萬隆撰:《中國散文美學》(鄭州市:中州古籍出版社,1989 年),頁 131-132。

18 萬隆先生說:深層結構……它是一種從語言的表面難以讀出的情調,是作家對所寫人事的態度、感情,所述情理之潛涵的意向。見萬隆撰:《中國散文美學》,頁 111。

本文末句「這言萬里長空，將是我鑲著太陽的桂冠。」是運用暗喻手法，「這萬里長空」是「主體」，「我鑲著太陽的桂冠」是「喻體」。直接看喻體無明確彰顯「意」，其中「太陽」是如何含義呢？在前面的部分：「太陽在一堆潑墨也似的烏雲之中掙扎，時滅時顯的光線，在天空中掙脫著要出來」。這段就是指描繪太陽在一堆潑墨也似的烏雲之中掙扎，來象徵作者要擺脫「心房的太多凡塵（在文章中的第十三段）」，因此「太陽」在此處描繪之下的「象」即是一個畫面，而深層結構則表示重獲新生的象徵，因為作者說「大自然……傳授給我力量新生的秘訣」。而喻體中「太陽」，因為有「象」呈現，喻體的「意」就是：我鑲著重獲新生的光榮象徵。因此，所謂的「譬喻的意象」，即在句外的「象」，含有深層結構的意思，使得喻體的「意」，更為明顯。

在篇章中，使用譬喻的意象，觀察「意」與「象」的搭配，同時，注意到「意象」所產生的影響，這是本文所要探討的主題。

五　國中生的學習與創作

國中生的學習是指課堂上範文教學的學習；國中生的創作是以歷年來國中基測作文六級分為抽樣對象。透過範文的闡釋與學生的創作作對比，可看出一些訊息。為了解說的方便，以譬喻出現的位置分；開頭、篇中、篇尾、來觀察；

（一）　出現在開頭

譬喻意象的運用，例如洪醒夫的〈紙船印象〉：

　　每個人的一生都會遭遇許多事，有些是過眼雲煙，倏忽即逝，

有些是熱鐵烙膚，記憶長存，有些像是飛鳥掠過天邊，漸去漸遠；而有一些事，卻像夏日的小河、冬天的落葉，像春花，也像秋草，似無所見，又非視而不見——童年的許多細碎事物，大體如此，不去想，什麼都沒有，一旦思想起，便歷歷如繪。紙船是其中之一。我曾經有過許多紙船，在童年的無三尺浪的簷下水道航行，使我幼時的雨天時光，特別顯得亮麗充實，讓人眷戀。

那時，我們住的是低矮簡陋的農舍，簷下無排水溝，庭院未鋪柏油，一下雨，便泥濘不堪。屋頂上的雨水滴落下來，卻理直氣壯的在簷下匯成一道水流，水流因雨勢而定，或急或緩，或大或小。我們在水道上放紙船遊戲，花色斑雜者，形態怪異者，氣派儼然者，甫經下水即遭沉沒者，各色各樣的紙船或列隊而出，或千里單騎，或比肩齊步，或互相追逐，或者乾脆是曹操的戰艦——首尾相連。形形色色，蔚為壯觀。我們所得到的，是真正的快樂。

這些紙船都是有感情的，因為它們大都出自母親的巧思和那雙粗糙不堪、結著厚繭的手。母親摺船給孩子，讓孩子在雨天裡也有笑聲，這種美麗的感情要到年事稍長後才能體會出來，也許那雨一下就是十天半月，農作物都有被淋壞、被淹死的可能，母親心裡正掛記這些事，煩亂憂愁不堪，但她仍然平靜和氣的為孩子摺船，摺成比別的孩子所擁有的還要漂亮的紙船，好讓孩子高興。

童年舊事，歷歷在目，而今早已年過而立，自然不再是涎著臉要求母親摺紙船的年紀。只盼望自己能以母親的心情，為子女摺出一艘艘未必漂亮但卻堅強的、禁得住風雨的船，如此，便不致愧對紙船了。

　　第二段「（紙船）……使我幼時的雨天時光，特別顯得亮麗充實，讓人眷戀」是運用暗喻，主體是「紙船」，喻體是「特別顯得亮麗，讓人眷戀」也是「意」，而「象」是後文描繪母親為孩子摺紙船的情形。

　　第四段描繪母親在農作物遭雨淋、淹沒的可能下，仍然「平靜和氣的為孩子摺船，摺成比別的孩子所擁有的還要漂亮的紙船」。整個描繪的「象」，其「深層結構」是彰顯母愛的形象。

　　本文是主旨是抒發母愛，而運用的譬喻，其「意象」正呼應主旨。

　　又例如範文二：杏林子〈心囚〉：

　　　在許多人眼裡，我看來多麼像是一個囚犯，一個被病禁錮在床的犯人。是的，自從小學六年級時，我被一種叫做「類風濕關節炎」的怪病纏身之後，就逐漸失去活動的自由。年復一年，我全身的關節都受病魔的「轄制」，有如戴上一道道無形的鐐銬。

　　　腳不能行，肩不能舉，手不能彎，頭也不能自由轉動。甚至，我連吃一口心愛的牛肉乾的權利也被剝奪了，因為咬不動。

　　　二十多年來，生活的天地僅於六席大的斗室之中，屋外春去秋來，花開花謝，似乎都與我無干了。就像一個被判無期徒刑的犯人，不知何年何月才能重見「天日」。

　　　想像中，這樣的一個「犯人」一定是蒼白憔悴、鬱鬱寡歡的吧！剛剛相反，因為我了解真正能夠囚住我的，不是身體上的疾病，而是心理上失望、悲觀、頹廢、憤怒、憂慮，築成了一座看不見的網，隨時準備將我陷在中間。一個人只要能突破心靈的枷鎖，這個世界就再也沒有什麼能困住他的心了。如今，

我活得無憂無慮，也自由自在。而世界上多的是身體健康，卻
心理不健全的人；多的是表面歡樂，卻心中痛苦的人；多的是
行動自如，卻找不到一條正確人生方向的人。

有些人看似生活得繁華熱鬧，卻往往是天底下最寂寞的人，因
為他們把自己的心封閉了。

還有那些沉溺在罪惡中無法自拔，迷戀在情慾中無法脫身，以
及為名利權勢所左右迷失了自己的人，他們看似自由，卻心陷
囹圄。

比起我，到底誰更像是囚犯呢？

首段「我看來多麼像是一個囚犯，一個被病禁錮在床上的犯
人」是運用博喻，主體是「我」，喻體是「一個囚犯」，「一個被禁
錮在床上的犯人」也是「意」，而「象」是後文描述禁錮的情形。

第三段，描寫全身不方便，「腿不能行，肩不能舉，手不能
彎，頭也不能自由轉動」。

第四段，描寫生活空間的不便，「生活的天地僅限於六席大的
斗室之中」。

第五段，深入地描寫內心的枷鎖，「因為我了解真正能夠囚住
我的，不是身體上的疾病，而是心理上的失望、悲觀、頹喪、憤
怒、憂愁，築成了一面看不見的網，隨時準備將我陷入在中間」。
這些「象」，由外在的不便利到內心的枷鎖，以層遞進行，其深層
結構是塑造「心囚」的形象。

本文的主旨在第五段，「在一個人只要能突破心靈的枷鎖，這
個世界就再也沒有什麼能困住他的了」，而運用的「譬喻」，其「意
象」正是反面，為正面的主旨而墊舖。

例如：學生的作品一《我曾經那樣的追尋》：

有一種滋味，嚐過便忘不了；有一種觸動，經歷過便捨棄不了；有一種追尋，芰荷映水般地烙下刻骨銘心的記號。

從小，聽著帕格尼尼、海飛茲等大家以絢爛的技法從指間流洩出美妙的音符，我都如癡如醉。小學一年級，終於踏入古典音樂殿堂，追尋弦樂中音色最為嘹亮高亢的小提琴。

初學乍練，以我高昂的鬥志和對音樂的熱情，孜孜矻矻地扎下了厚實的基本功，一本本練習曲勢如破竹。然而，我的路程愈來愈崎嶇，隨著時光流逝，平坦的康莊大道成了蜿蜒小徑，每當征服一座山頭，眺望下一個目標，又是龍蟠虎踞。漸漸的，我退縮了，也不斷在心中反覆思量，我很清楚小提琴技法一日不練即見生疏，停留原地是痴人說夢。但我的心靈糧食足夠我翻山越嶺嗎？

我畏懼面對自己的怠惰，害怕地以升國中課業繁重為堅強的擋箭牌面對自己、面對周遭質疑。把自己包覆在合理的謊言下洋洋自得。然而我錯了！時間的巨輪會抹去鮮豔的糖衣，讓我認清自己的懦弱！

每當夜闌人靜，驀然回首，望著曾經生滿厚皮的指尖，撫摩著伴我度過悲歡歲月的小提琴，內心總免不了升起一陣嘆息。但如今，我已後悔，六年的砥礪已使我學會「原泉混混，盈科而後進」的道理，也使我不再讓握在手裡的輕易溜走。並且，也希冀如有機會能再與小提琴相伴，緊緊抓住這珍貴時光，不輕言鬆手。畢竟，我曾那樣追尋……。

首段「有一種追尋，芰荷映水般地烙下刻骨銘心的記號」是運用略喻，主體是「有一種追尋」，喻體是「芰荷映水」也是「意」，而「象」是後文描繪追尋的情形。

　　第二段，是描寫追尋小提琴的理想；第三段，是描寫初學的崎嶇，「漸漸的，我退縮了」；第四段，是描寫自己的畏懼，「讓我認清自己的懦弱」；第五段，是描寫「驀然回首，……我已不後悔，六年的砥礪已使我學會「原泉混混，盈科而後進」的道理，也使我不再讓我在手裡的輕易溜走。」作者透過學習小提琴的心路歷程，從追尋到退縮，畏懼，最後回首，重拾信心。其「深層結構」，呈現不輕言放棄的形象。

　　本文的主旨是，追尋與小提琴相伴，領悟凡事不輕言放棄。而運用的譬喻，其意象正是呼應主旨。

　　又例如，學生的作品二，〈那一刻真美〉：

> 望著外婆瘦小的身影，穿梭在翠綠滿布的稻田，不時舉起手，用袖子擦拭著汗珠，每一次看到這一幕，心中澎湃不已，令我駐足許久，那努力的身影在那一刻，真美。那景象，就和米勒的「拾穗」那般動人。
>
> 夏天，外婆頂著日頭，飽餐後便騎著鐵馬到田裡工作，為了一株株金黃飽滿的稻穗，連午睡休憩片刻的念頭都拋諸腦後。暑假回外婆家，本想趁著空閒替外婆分擔農務，在緊跟外婆出門時，卻被外婆斥責了。她說外面日頭正烈，叫我傍晚再去，她先去就好，我很清楚，傍晚她就準備回家了，哪來的忙可幫呢？縱然知道外婆說的是謊，我仍默默地停住腳步，凝視著她漸行漸遠的背影。稍後，我暗自溜向田裡，就在喊出「阿嬤」二字前，我愣住了，真的愣住了。她穿梭在綠意盎然的稻田裡，用溫暖的手，仔細地將一株一株的稻穗捧在手心檢查，以慈母的心，期望著每一株稻穗飽滿、美麗。綠田包圍著外婆，就像被一隻翠綠的大手捧著，美麗的身影關愛著每株稻，她始

終用虔誠的心守護著這片土地。

微風習習吹拂著大地，吹起了蒲公英，帶著羽翅的小籽在我面前飄動，層層綠浪，飄飄白籽煞是美麗。倏地，時光倒流，眼前之景頓時變成黑白電影，幻影般地倒帶播放外婆在田裡的歲月，似乎每一景都是用汗珠譜成悠揚的樂章，要我們聆聽綠稻跳躍的音符。這一刻美景撼動人心，這一刻聲音扣人心弦，因為每一景、每一曲都有外婆的辛勤與身影。我幾乎不敢想像，一輩子這樣照顧無聲無息的稻子卻毫無怨言，因為無微不至的關愛，稻子總是垂穗低頭感謝她的栽培。我不曾聽到稻子的話語，但我知道外婆早有一套與它們共通的語言，稻子只顧默默的回饋外婆的辛勞。

又是一陣薰風吹拂，拂動田裡的稻，稻彎著腰，像是在和外婆說謝謝，而外婆也彎著腰，輕輕的與它們對談。每當想起這一幕，心中總是激昂，總是澎湃，因為那一刻，真美；那片田，真美；那身影，更美。

首段「那景象，就和米勒的『拾穗』那般動人」是運用略喻，主體是「那景象」，喻體是「米勒的拾穗」也是「意」，而「象」在後面，描繪外婆在稻田裡，工作的情形。

第四段描繪外婆穿梭在稻田裡，用「溫暖的手，一株一株的檢查生長的狀況，也用和善的心，期望著每顆稻穗飽滿、美麗。」整個呈現外婆熱愛鄉土的形象。

本文的主旨是描繪祖母為家奉獻，而運用的譬喻，其意象正彰顯主旨。

（二）出現在篇中，譬喻意象的運用

例如，範文三，陳冠學的〈西北雨〉：

摘了一整天的番薯蒂。

下午大雨滂沱，霹靂環起，若非番薯田在家屋邊，近在咫尺，真要走避不及。低著頭一心一意要把番薯蒂趕快摘完，霎時間，天昏地暗，抬頭一看，黑壓壓的，滿天烏雲，盤旋著，自上而下，直要捲到地面。這種情況，在荒野中遇到幾回。只覺滿天無數黑怪，張牙舞爪，盡向地面攫來。四顧無人，又全無遮蔽，大野中，孤伶伶的一個人，不由膽破魂奪。

大自然有時很像戲劇，像今天這種大西北雨的序幕前奏，可名為惡魔與妖巫之出世。正當人們籠罩在這樣死怖的景象中，膽已破魂已奪之際，接著便是閃電纏身，霹靂壓頂，在荒野中的人，此時沒有一個不是被震懾得氣脫委頓，匍匐不能起的。好在再接著便是大雨滂沱，再看不見滿天張牙舞爪的黑怪，而閃電與霹靂雖仍肆虐不已，卻多少為雨勢所遮掩，於是匍匐在地的失魂者，便在雨水的不斷澆淋下，漸漸地蘇醒，而閃光與雷聲也愈來愈遠，轉眼雨過天青，太陽又探出了雲端，樹葉上、草上閃爍著無邊亮晶晶的水珠，一場大西北雨便這樣過去了。你說這是戲劇不是戲劇？

因為是在家屋附近，又為了趕工，直待到閃電與霹靂左右夾擊，前後合攻，我才逃進屋裡。遇到這樣氣勢萬鈞的大西北雨前奏，誰也不能逞英雄。因為此時在天地間除了它是英雄之外，不准有第二個人是英雄。此時它是無敵的大主宰，任何人都不能不懾服。牛群在原野上狂奔，羊群在哀哀慘叫，樹木在

盡力縮矮，那個敢把手舉得最高，頭伸得最長，定立時被劈殺。

一場為時一小時的大西北雨，到底下了幾公釐的水，雖然沒做過實驗，只覺好像天上的水壩在洩洪似的，是整個倒下來的。每一雨粒，大概最小還有拇指大，像這樣大的雨粒，竹葉笠是要被打穿的，沒有蓑衣遮蔽，一定被打得遍體發紅。但是本地原是山洪沖積成的沙石層，滲水極快，無論多大多長久的雨，縱使雨中行潦川流，雨一停，便全部滲入地下，登時又見灰白色的石灰地質，乾淨清爽，出得門來，走在堅硬的庭路上，一點兒也不沾泥帶水；這是我酷愛這一帶旱地，而不喜歡外邊水田田莊的理由。

終於雷聲愈來愈遠，電光只在遙遙的天邊橫掃。太陽又出來了，一片清新的空氣、鮮潔的色彩，彷彿聽見了貝多芬田園交響曲第五樂章牧羊人之歌。

第二段「大自然有時很像戲劇」，是運用明喻，主體是「大自然」，喻體是「很像戲劇」也是「意」，而「象」是描繪西北雨的情形。

第二段有四個階段描繪：一是「序幕前奏」，可稱為「惡魔與妖怪之出世」；二是「閃電纏身」，使人「被震懾得氣脫委頓，匍匐不能起」；三是「大雨滂沱」，前面不能起的人「便在雨水的不斷澆淋下，漸漸甦醒」；四是「雨過天青」，「太陽又探出了雲端」。

四個階段是略寫，作者上切進一步詳細地描繪，第一階段「序幕前奏」，在第二段前面描繪天昏地暗，黑壓壓的，烏雲滿天「只覺滿天無數黑怪，張牙舞爪，畫向地面攫來」；第二階段「閃電纏身」，在第三段詳述閃電與霹靂左右夾擊，前後合攻，除了人外，

包括牛群、羊群、樹林皆受驚駭；第三階段「大雨滂沱」，在第四段描繪大雨，「只覺好像天上的水壩在洩洪似的，是整個倒下來的」；第四階段「雨過天青」，在第五段，描繪「彷彿聽見了貝多芬的田園交響曲第四樂章牧羊人之歌。」

整個描繪，透過作者的略寫、詳寫，使得整個「西北雨」，其深層結講，呈現詭譎多變的形象。

本文的主旨是描繪西北雨的暴風，而運用譬喻，其意象正呼應主旨。

範文四，夏丏尊的〈生活的藝術〉：

新近因了某種因緣，和方外友弘一和尚（在家時姓李，字叔同）聚居了好幾日。和尚未出家時，曾是國家藝術界的先輩，披剃以後，專心念佛，不消說，藝術上的話是不談起了的。可是我在這幾日的觀察中，卻深深地受到了藝術的刺激。

他這次從溫州來寧波，原預備到了南京再往安徽九華山去的。因為江浙開戰，交通有阻，就在寧波暫止，掛褡於七塔寺。我得知就去望他。雲水堂中住著四五十個遊方僧。鋪有兩層，是統艙式的。他住在下層，見了我微笑招呼，和我在廊下板凳上坐了，說：

「到寧波三日了。前兩日是住在某某旅館（小旅館）裡的。」

「那家旅館不十分清爽罷。」我說。

「很好！臭蟲也不多，不過兩三隻。主人待我非常客氣呢！」

他又和我說了些輪船統艙中茶房怎樣待他和善，在此地掛褡怎樣舒服等等的話。

我惘然了。繼而邀他明日同往白馬湖去小住幾日，他初說再看機會，及我堅請，他也就忻然答應。

行李很是簡單，鋪蓋竟是用粉破舊的席子包的。到了白馬湖後，在春社裡替他打掃了房間，他就自己打開鋪蓋，那粉破的席子叮嚀珍重地鋪在床上，攤開了被，再把衣服捲了幾件作枕。拿出黑而且破得不堪的毛巾走到湖邊洗面去。

「這手巾太破了，替你換一條好嗎？」我忍不住了。

「那裡！還好用的，和新的也差不多。」

他把那破手巾珍重地張開來給我看，表示還不十分破舊。

他是過午不食了的。第二日未到午，我送了飯和兩碗素菜去（他堅說只要一碗的，我勉強再加了一碗），在旁坐了陪他。碗裡所有的原只是些萊菔、白菜之類，可是在他卻幾乎是要變色而作的盛饌，喜悅地把飯划入口裡，鄭重地用筷夾起一塊萊菔來的那種了不得的神情，我見了幾乎要流下歡喜慚愧之淚了！

第二日，有另一位朋友送了四樣菜來齋他，我也同席。其中有一碗鹹得非常的，我說：「這太鹹了！」

「好的！鹹的也有鹹的滋味，也好的！」

我家和他寄寓的春社相隔有一段路，第三日，他說飯不必送去，可以自己來喫，且笑說乞食是出家人的本等的話。

「那麼逢天雨仍替你送去罷！」

「不要緊！天雨，我有木屐哩！」他說出木屐二字時，神情上竟儼然是一種了不得的法寶。我總還有些不安。他又說：

「每日走些路，也是一種很好的運動。」

我也就無法反對了。

在他，世間竟沒有不好的東西，一切都好，小旅館好，統艙好，掛褡好，粉破的席子好，破舊的手巾好，白菜好，萊菔好，鹹苦的蔬菜好，跑路好，什麼都有味，什麼都了不得。

這是何等的風光啊！宗教上的話且不說，瑣屑的日常生活到此
境界，不是所謂生活的藝術化了嗎？人家說他在受苦，我卻要
說他是享樂。當我見他喫萊菔白菜時那種愉悅的光景，我想：
萊菔白菜的全滋味、真滋味，怕要算他才能如實嘗得的了。對
於一切事物，不為因襲的成見所縛，都還他一個本來面目，如
實觀照領略，這才是真解脫、真享樂。

藝術的生活，原是觀照享樂的生活，在這一點上，藝術和宗教
實有同一的歸趨。凡為實利或成見所束縛，不能把日常生活咀
嚼玩味的，都是與藝術無緣的人們。真的藝術，不限在詩裡，
也不限在畫裡，到處都有，隨時可得。能把他捕捉了用文字表
現的是詩人，用形及五彩表現的是畫家。不會作詩，不會作
畫，也不要緊，只要對於日常生活有觀照玩味的能力，無論誰
何，都能有權去享受藝術之神的恩寵。否則雖自號為詩人畫
家，仍是俗物。

與和尚數日相聚，深深地感到這點。自憐囫圇吞棗地過了大半
生，平日喫飯著衣，何曾嘗到過真的滋味！乘船坐車，看山行
路，何曾領略到真的情景！雖然願從今留意，但是去日苦多，
又因自幼未曾經過好好的藝術教養，即使自己有這個心，何嘗
有十分把握！言之憮然！

　　第七段「瑣屑的日常生活到此境界，不是所謂的生活藝術化了
嗎？」是運用暗喻，主體是「瑣屑的日常生活到此境界」，喻體
「所謂的生活藝術」也是「意」，而「象」在前文描繪弘一和尚的
情形。

　　從第二段開始描繪和尚「住」的情形「很好！臭蟲也不多，不
過兩三隻。主人待我非常客氣呢！」；第三段是記述和尚「衣」的

情形，使用粉破的席子，黑而且破得不堪的毛巾，且說「還好用的，和新的也差不多」；第四段是記述「吃」的情形，吃萊菔、白菜之類的飯，「喜悅的把飯划入口裡」，「了不得的神情」；第五段是記述「行」的情形，不勞動他人送，自己穿木屐去，說：「每日走些路，也是一種很好的運動。」總結「住」、「衣」、「吃」、「行」的描繪，其深層的結構是描繪出家人清心寡欲的形象。

本文主旨是介紹弘一法師享受生活的真實樂趣，即是生活的藝術。而運用譬喻，其「意象」與主旨相呼應。

又例如學生的作品三，〈常常，我想起那雙手〉：

> 「沙——沙——」每天每夜，在凌亂的工作桌上，有一雙手，辛勤的刻著。
>
> 父親的職業總是引起許多人的好奇心——有一個作畫家的爸爸該是多麼羅曼蒂克的事啊！多數人認為，我們家必定有著巴洛克時期富麗堂皇的裝潢，登門造訪的，都是些文人墨客，或者，十天半月就要到音樂廳接受一番藝術的洗禮。然而，我們家只有「沙——沙沙——」的聲響，日日夜夜，都是「沙——沙——沙——」。
>
> 父親是以版畫為主業的藝術創作者。每當金屬製的畫具和鋼板、蝕版、木版、塑膠版相遇時，一派和諧的交響樂便開始演奏了。首先登場的是較粗的筆頭，他們像吹出第一樂章主旋律的單簧管，清楚分明的勾出輪廓。接著是粗細適中的圓頭兒繪具，他們像弦樂家族細說每首曲子般，用心地傳遞著每一幅畫的故事，使線條更加生動，讓精髓具體呈現。最後出場的是極細的針筆，他們像末段激起高潮的定音鼓，在畫中，他們扮演的是光影的魔術師，給灰暗的角落帶來恐懼和不安的氛圍；或

者，給春光明媚的大地帶來生命和成長的喜悅。我真不敢相信，父親活像是舞臺上神氣的指揮家，以那雙富有想像的手，為大家帶來視覺的饗宴。

父親是以版畫為主業的藝術工作者。在寒冬寂靜的夜晚，他用那細瘦的手拿起畫筆和孤獨搏鬥；在溽暑燠熱的午後，他用那雙滄桑的手拿起繪具向疲累掙扎。一筆一筆，他把青春的神彩和飛逝的光陰刻了下去；一橫一豎，他把年少的健康和燦爛的夢想畫了上去。有多少天真的幻想和陳舊的畫紙一起被收進了櫥櫃？有多少尚未實踐的旅程不成熟的作品被一同棄置？常常，我想起那雙手，本該是向天空競逐的那雙手，卻只握住了皺紋，卻成了為這個家付出的一雙手。

「沙──沙──」日日夜夜，在凌亂的工作桌上，有一雙手，辛勤的刻著。

第三段「父親活像是舞臺上神氣的指揮家」是運用「暗喻」，主體是「父親」，喻體是「舞臺上神氣的指揮家」也是「意」，而「象」在描繪父親工作（指揮的情形）。

在第三階段描繪作者父親工作情形，分三階段：首先使用「較粗的筆頭」，像吹「第一樂章旋律的單簧管」；接著使用「粗細適中的圓頭」，像「細說每一首曲子般」；最後使用「極細的筆」，像「末段激起高潮的定音鼓」。工作像是指揮樂器般，其深層含意，突顯父親投入工作，享受工作的形象。

本文的主旨是藉著父親工作的手，表達父親為家犧牲奉獻。而作者的父親為了照顧家裡，犧牲專業的發展然而成為職業藝術家，雖然單調乏味的工作，依然樂此不疲，願意為家庭奉獻，使用譬喻，其意象間接呼應主旨。

學生作品四〈從學生身上學到的事〉：

唐太宗曾說：「以銅為鏡，可以正衣冠；以人為鏡，可以明得失」。每個人身上，都有一些東西值得去學習，只要用心觀察，人人都會是一門學問。

從小到大，我們的眼光中，只有成績優秀的同學，滿分的光環下，我們以為那是人生中最亮麗的色彩。但我們卻忘了，周遭或許還有些人，散發著不同顏色的光芒，只是在我們狹隘的目光中，看不見它的存在。

李白曾說：「天生我才必有用」。這句話，直到我上國中之後，才完全明白。我遇過一位同學，他對於他的課業十分用心，卻始終排在班上倒數，一開始，我常暗自笑他的愚蠢，那時候，我空洞的想法中，只容得下名次和成績。有一天，音樂老師叫我們表演一項才藝，每個人都覺得十分懊惱，因為每天都在念書，哪有一項特殊的才藝呢？那時才驚覺自己的不足。但令我更驚訝的是，那位成績不好的同學，對於鋼琴卻如此擅長。看著他，對於每個音符的執著；看著他，對於每篇樂章的投入；看著他，如何用音樂，捕捉我們的心靈。慚愧，理直氣壯的占據我的心，簡直要將我窒息。從那時開始，我改變了自己的想法，在看一個人的時候，如品嚐一杯咖啡，有些人，苦中帶酸，卻少不了那份香醇；有些人，淡淡而無味，卻少不了那份清馨。每位同學都有自己的特色；每一位同學都是一門可以充實知識的學問。

我很感謝那位同學，因為我在他身上，品嚐了一份藝文饗宴，也因為他的音樂，讓我的想法，有更深一層啟發。

大地皆山水，人人皆文章，只要你用心去讀他的句讀、他的哲理、他的壯闊，你將會在每個人身上發現許多奧妙的事物。

第三段「在看一個人的時候，如品嚐一杯咖啡」運用明喻，主體是「在看一個人的時候」，喻體是「品嚐一杯咖啡」又是「意」，而「象」是描繪自己看人的變化。

在第三段，作者遇到同學課業用心，但成績倒數，心裡「我常常暗自笑他的愚蠢」，有一天，音樂裡那位同學表演才藝，讓作者驚覺自己的誤識，那位同學的表演，作者描繪「看著他，對於每個音符的執著；看著他對於每篇樂音的投入；看者他如何用音樂捕捉我們的心靈。」整個表演的描繪，其深層結構，呈獻同學有音樂天分的形象。

全文的主旨是，因為誤判同學的能力，進而體會到「天生我才必有用」的道理。而使用譬喻，其意象呼應主旨。

學生的作品五〈影響生活的一項發明〉：

> 曾經悲傷，才知道喜悅的滋味；曾經失去，才知道擁有的美好。童年，我就因為失去了什麼而覺得自卑，有好多好多美好的事物對我而言都是遙不可及的夢想，直到那一項發明的普及，才使我能勇敢的站立於人群之中，而那項發明便是——矯正鞋。

> 媽媽在懷我時，曾經壓迫到胎位，造成我的雙腿有明顯扭曲，甚至發育不良，小時候，我好怕沐浴在溫暖陽光的懷抱中，因為這樣會暴露自己的缺陷；我也好怕在人群中自由的跑跳，因為我承受不住別人奇異的眼光。我總是把自己縮在角落，看著和我同年齡的小朋友在公園裡自由的追逐，自由的揮灑奔放的汗水，眼底流露出濃濃的渴望，我好想和他們一樣喔！但有缺陷的我，有資格沐浴在陽光下嗎？

> 然而，那項發明改變了我的命運，那便是——矯正鞋。儘管復

健雙腿是一條漫長的道路，但是我仍不放棄任何一絲渺茫的希望，每天在復健室裡治療五個小時。那段日子是黑暗的谷底，卻也是璀璨希望的伏筆，我總是癡癡地盼望著那一線的光芒，卻總是被眼前的一切未知數一再地打落谷底。

來自腳下的痛楚，不斷蔓延著四肢百骸，摧毀我所剩無幾的理智，痛苦、尖叫、沮喪等等負面的情緒總是一在啃噬我脆弱的內心，一次又一次努力爬起，卻又一再倒下。那段日子是人間的煉獄，卻也是使我能重新站立的重要關鍵。

經過了整整一年，我成功了，能夠和別的小朋友一樣能夠自由自在地奔跑、嘶吼，能夠沐浴在璀璨的光明之下，而這些都要感謝那項影響我最深的發明─矯正鞋。如果沒有了這項發明，那其他的發明對我來說都宛如路旁的石子般毫無意義，但就因為有了「它」，才使我脫胎換骨，有足夠的勇氣鶴立於人群之中，也因為「它」，使我有更多的勇氣，在往後的人生旅程能不怕風雨，堅持到底。

第四段「那段日子是人間的煉獄」使用暗喻，主體是「那段日子」，喻體是「人間煉獄」也是「意」，而「象」是描繪「那段日子」的情形。

在第四段作者描繪腳下的痛楚，從外在的病「不斷蔓延四肢百骸」，到內心的痛楚「摧毀我所剩無給的理智、痛苦、尖叫、沮喪等負面的情緒總是一再啃噬我脆弱的內心」這些現象，其深層結構，突顯內心身體備受煎熬的形象。

全文的主旨是作者作者因為有矯正鞋，過著與常人一般的生活。而運用譬喻，具有反襯主旨的作用。

（三） 出現在篇尾，譬喻意象的運用

例如：範文五，陳幸蕙的〈生命中的碎珠〉：

沒有一樣事物，比新式的按鍵電話更能具體地說明這是一個分
秒必爭的世界了。的確，現代人連電話轉盤撥轉回來的一兩秒
時間都不願等待，我們還能懷疑這不是個節奏迅速、步履匆忙
的時代嗎？

也許，正因為點點滴滴的時間，都可能是致勝的關鍵，值得我
們加以珍惜、爭取：因此，能掌握時間——尤其是零碎時
間——的人，往往也都是令人欽佩仰慕的智者、成功者。

胡適先生曾以「不做無益事，一日當三日用，人活五十歲，我
活一百五十」的生活哲學來自勉。雖然他每日在著書立說、從
事學術研究和教育工作之外，還要親自處理諸多繁雜事務，但
由於能充分掌握、支配零碎間，因此，仍然生活得從容自如，
處處流露出一個溫藹學者的修養與風範，從不覺得時間不敷使
用。

美國歷史上最年輕的總統甘迺迪先生，常常在他接見的第一位
客人起身離去，第二位客人尚未踏進會客室之前，也必拿起手
邊的書籍閱讀，絕不輕易浪費這些短暫的空檔。正因為他善用
時間來充實學識，所以當有人批評他的髮型過於古板難看時，
甘迺迪才能自信地回答：「我相信治國的本領，不在頭皮上
面，而在頭皮下面。」

撇開近人不談，在古代從容、悠閒的農業社會裡，就已有許多
懂的珍惜生命、善於利用瑣碎的哲人了。陶淵明曾經說過：
「盛年不重來，一日難再晨，及時當勉勵，歲月不待人。千字

文中也有「尺璧非寶，寸陰是競」的格言。而宋代大儒歐陽脩，更是一個善於利用零碎時間的生活藝術家。他常利用「三上」的功夫構思文章，何謂「三上」？那便是「枕上、廁上、馬上」。生活在今天的我們，如果每天也能利用這些短暫的時間，有恆地記誦一首唐詩、宋詞，一句格言或背幾個英文單字，一年下來，該有多少的收穫啊！

有一個發人深省的比喻：在一個空無一物的箱子裡，我們最初可以放進一些大石頭，等到再也放不進大石頭時，餘下的空隙，我們可放進不少小石頭；當小石頭已放滿時，還可容納許多細砂；等到細沙也把箱子裡所有的空間都填滿了，我們仍可再注入不少清水……。

如果我們每天二十四小時，就是這大口箱，而我們吃飯、睡覺、洗澡、上學、辦公、休閒、沉思的時間，就相當於箱裡大大小小的石頭，那麼，仍有不少零碎，分散的空隙，可供我們完成許多事物。能不能掌握、利用它們，讓每天的生活更加充實，就全靠我們自己了。

積沙能夠成塔，集腋可以成裘；零碎的時間，應該是生命中的碎珠、沙金、片玉，能勤於撿拾，並集合它們，那的確是一宗可觀的財富！

末段「零碎的時間，應該是生命中的碎珠、砂金、片玉」是運用博喻，主體是「零碎的時間」，喻體是「生命中的碎珠、砂金、片玉」也是「意」，而「象」在前文，說明如何善用零碎的時間。

在第三段舉出胡適的生活哲學「能充分掌握、支配零碎時間」；第四段舉出美國總統甘迺迪利用空檔時間，「拿起手邊的書籍閱讀……善用時間來充實學識。」第五段分別指出陶淵明珍惜生

命、歐陽脩「三上功夫」善用零碎時間。整個的舉例說明，其「深層結構」，呈現珍惜光陰，及時努力的形象。

本文主主是鼓勵人們能掌握零碎時間的人是成功者。而運用「譬喻」，而「意象」應和主旨。

範文六，古蒙仁的〈吃冰的滋味〉：

> 夏日吃冰，是人生的一大享受。
>
> 人的一生中，最適合吃冰的年紀，是小學到初中這個階段。所謂的暑假，也幾乎是冰棒、冰水或刨冰的代名詞。一旦把冰抽離，相信每個人的童年都會黯然失色。
>
> 現在社會富裕了，小孩對冰的選擇可說是五花八門、應有盡有。從最早的芋冰，到國外進口的冰淇淋；從一枝五元的冰棒，到一客百元火燒冰淇淋，集合了傳統的口味與最尖端的食品科技，現代人誠然口福不淺。尤其是嗜冰如命?的小孩子們，更是得其所哉。一個夏天下來，吃掉的冰恐怕都要多過自己的體重。
>
> 現代的冰品，拜科學昌明之賜，固然色彩繽紛，花樣百出，但單就口味而言，比起臺灣早年的冰製品恐怕就遜色了。原因無他，早期的社會單純，小生意人講的是信用，貨真價實，童叟無欺。近人講究包裝，較重外表，內容則能省則省，一般消費者很難逃過這種障眼法，品質就缺乏保障了。
>
> 小時候，我住在臺糖宿舍裡，臺糖福利社生產製造的冰水和冰棒一向名聞遐邇。最著名的是花生冰和紅豆冰，一枝只要一毛錢，冰水一杯五毛，以現在的幣值來看，實在有夠便宜。但當時一般小公務員家庭，兒女眾多，小孩難很有什麼零用錢，一天三餐能夠吃飽，已不容易，因此那時吃到一根冰棒，已是天

大的享受了。一根冰棒含在嘴裡，總要舔上半天，才捨得吃完。看得旁邊圍觀的小孩垂涎三尺，卻只乾瞪眼的分。

臺糖產製的冰棒和冰水，使用的都是道地的沙糖，絕不含糖精，不管口味或衛生，都遠較一般市售的冰品為佳，因此每到夏天，糖廠福利社前總是大排長龍，爭購各類冰品。晚到一步的可能要向隅。小孩子們吃過冰棒之後，還捨不得丟掉，因為竹製的桿子，可拿來做遊戲，人人蒐集成捆，聚集愈多，便愈受尊敬，因此小朋友都視為寶貝。

除了冰棒和冰水之外，刨冰也是相當普遍的冰品。一般都在小攤子販賣，小攤設在樹蔭下，或釘幾塊門板遮擋太陽。刨冰的種類繁多，主要有四果冰、粉圓冰、仙草冰、愛玉冰、米苔目，或由其中二至三種混在一起。當時的刨冰機是手搖的，看老闆從木箱中拿出一大塊晶亮的冰塊，軋入刨冰機中，然後飛快地搖轉起來時，那冰屑就像雪花一般，一片一片飛落盤中，俄頃堆積成一座小冰山。老闆再淋上糖水，光看這等光景，已讓人消去大半暑氣，等端在手中，一匙一匙挖入嘴裡，冰花瞬即溶化，溶入舌尖，那種沁涼暢快的感覺，足以將豔陽溶化掉。

這些刨冰的添加物，像四果、粉圓、仙草、愛玉，或色彩鮮豔、或澄澈剔透、或方塊結晶，看起來都足以奪人眼目，令人愛不忍吃。這是傳統冰製品在視覺上的一大發明，讓人在烈日豔陽之下，萌生更多的想像，可以說已達到了藝術的境界。

此外還有一種芋冰，它們裝成大桶，由小販騎著腳踏車沿街四處販賣兜售，小販手上還持有鈴鐺，一路騎來，串串鈴鐺聲響徹街頭巷尾，人人便知是賣芋冰的小販來了，便一哄而上，團團將小販圍住。小販賣芋冰有兩種方式，一種按顧客需要，五

毛錢一瓢；也有用賭注的。小販有一木製圓盤，上畫若干等
分，每等分言明芊冰大小；顧客拿著小鏢，射在轉動的木盤
上，射中那份便拿那份，俗稱「射芊冰」。小孩最喜歡玩這種
遊戲，每次小販一來，便纏著不放。有生意上門，小販當然樂
不可支，總會讓每個小蘿蔔頭射個痛快，直到他們口袋裡的錢
全被掏光為止，然後又搖著手上的鈴鐺，騎著腳踏車逐漸遠
去。

這些童年吃冰的記憶，如今多已消失殆盡，這一代的小孩再
也無從體會那種樂趣。每到夏天吃冰時，我都會想起這些往
事，像鄉愁般地隨著現代化的冰淇淋一一嚥下，竟別有一番古
老的滋味在心頭。冰淇淋的味道雖好，但總難敵童年那份甜美
的記憶啊！

末段「每到夏天吃冰時，我都會想起這些往事，像鄉愁般地隨
著現代化的冰淇淋一一嚥下。」只是運用明喻，主體是「這些往
事」，喻體是「鄉愁」也是「意」，而「象」在前文描繪往事的情
形。

在第五段，描寫童年時代，生活艱困，「那時能吃到一根冰
棒，已是天大的享受了」；第六段回憶當時冰品「都是道地的沙
糖，絕不含糖精」，又收集冰桿子作遊戲；第七段回憶當時冰品種
類繁多，享受味覺的美，尤其刨冰更讓人難以忘懷，「冰花瞬即溶
化，溶入舌尖，那種沁涼暢快的感覺，足以將豔陽溶化掉」；第八
段接者享受視覺的美，「或色彩鮮豔、或澄澈剔透、或方塊結
晶，……讓人在烈日豔陽之下，萌生更多的想像」；第九段回憶小
販賣射芊冰的情形。這些林林總總的回憶，其「深層結構」是對童
年時光的嚮往與追求，凸顯撫今追昔的形象。

　　本文的主旨是記敘作者回憶童年吃冰的美好回憶。運用譬喻，其「意象」正呼應主旨。

　　範文七，張曼娟的〈人間情分〉：

（一）不平凡的一雙手

下著梅雨的季節，令人心浮動，生活煩躁起來。尤其是上下課時，捧抱著大疊教材講義，站立在潮溼的街頭，看著呼嘯如流水奔湧的大小車輛，卻攔不住一輛計程車；那份狼狽，無由地令人沮喪。

也是在這樣綿綿密密、雨勢不絕的午後，匆忙地趕赴學校。搭車之前，先尋覓一家書店，影印若干講義給學生，因為時間的緊迫，我幾乎是跑進去的，迅速將原稿遞交從未謀面的年輕女店員。

那女孩有一雙細白的手掌，鋪好原稿，開動機器，她先影印了兩張尺寸較小的，而後將兩張影印稿並排成一大張。抬起頭，她微笑地說：

「這樣不必印八十張，只要四十張就夠了。好不好？」

我詫異地看著她繼續工作，影印機一陣又一陣的光亮閃動裡，也詫異地看著她的美麗。

原本，她的五官平凡無奇，然而，此刻當我的心靈完全沉浸在這樣寧謐的氣氛中，她不再是個平凡女孩。

我看著她仔細地把每一張整齊裁開、疊好，裝進袋子，連同原稿還給我。付出雙倍勞力，卻只換來一半的酬勞，她主動做了，還顯得格外光采。

離開的時候，我的腳步緩慢了些。焦躁的感覺，全消散在一位陌生人善意的溫柔中。並且發現，即使行走在雨裡，也可以是

一種自在心情。

（二）小島上的公用電話

第二次去澎湖，不再有亢奮的熱烈情緒，反而能在陽光海洋以外，見到更多更好的東西。

望安島上任意放牧的牛群；剛從海中撈起的白色珊瑚，用指甲輕劃，會發出「箏」的聲響。夏日渡海，從望安到了將軍嶼，一個距離現代文明更遠的地方。有些廢棄的房舍，仍保留著傳統建築，只是屋瓦和窗櫺都綠草盈眼了。島上看不見什麼人，可以清晰聽見鞋底與水泥地的摩擦，這是一個隔絕的世界呢！

轉過一叢叢怒放的天人菊，在某個不起眼的牆角，我被一樣事物驚住了──一具藍色的公用電話。

不過是一具公用電話，市區裡多得幾乎感覺不到；然而，當我想到當初設置的計畫，渡海前來裝置、架接海底電纜……，那麼複雜龐大的工程，只為了讓一個人傳遞他的平安或者思念，忍不住要為這樣妥貼的心意而動容了。

（三）月臺上的白色背影

一個月的大陸探親之旅，到了後期已如殘兵敗將，恨不能丟盔棄甲。大城市的火車站規模不小，從下車的月臺到出口，往往得上上下下攀爬許多階梯，那些大小箱子早超過我們的負荷能力了。

那一次，在南方的城市，車站階梯上，我們一步也掙不動，只好停下來喘息。一個年輕男子從我們身邊走過，像其他旅客一樣；而不同的是他注視著我們，並且也停下來。

「我來吧！」他溫和地笑著，用捲起衣袖的手臂抬起大箱子，一直送到頂端。我們感激地向他道謝，他只笑一笑，很快的隱

遁在人群中。

著白色襯衫的背影，笑容像學生般純淨，是我在那次旅行中，最美的印象了。

有時候，承受陌生人的好意，也會忍不住自問，我曾經替不相干的旁人做過什麼事？

人與世界的諸多聯繫，其實常常是與陌生人的交接，而對於這些人，無欲無求，反而能夠表現出真正的善意。

每一次照面，如芰荷映水，都是最珍貴而美麗的人間情分。

末段「每一次照面，芰荷映水，都是最珍貴美麗的人間情分」是利用明喻，主體是「每一次照面」，喻體是「芰荷映水」，也是「意」，而「象」則前面三篇，人與事物的描述。

第一篇描寫一位從未謀面的影印小姐，幫作者所印原稿並且「仔細地把每一張整齊裁開、疊好，裝進袋子，連同原稿還給我」，讓作者有「一種自在的心情」；第二篇，作者第二次去澎湖，杳無人煙的碧安島，竟發現一具公用電話，「忍不住要為這樣妥貼的心意動容了」；第三篇描寫作者到大陸，行李太多，看到有一位年輕人幫助她「用捲起衣袖手臂抬起大箱子，一直送到頂端……。他只笑一笑，很快的隱遁在人群中」，讓作者獲得「最美的印象了」。整個三件事情，所呈現的「深層結構」，彰顯人間處處有溫情的形象。

本文的主旨是藉著作者的親身經歷，寫初人與人之間互動的珍貴而美麗情分。而運用譬喻，其意象正烘托主旨。

又例如，學生的作品六〈我在成長中逐漸明白的一件事〉：

道一聲「再會」，收起眼淚。我們的世界總是充斥著離別的話語，在漫漫無邊的生命海洋上，我哭喊過、嘶吼著，流過的離

情淚卻也懂得收起了。

每每望著父親沉重的背影，如荷著滿天烏雲，走向高鐵入口，臨別前又向我和媽媽揮揮手，躲在車子裡的我卻被父親溫藹的微笑給鼻酸了。小時候，我總是不懂「離別」的真諦，只會哭哭啼啼送上擁抱、緊握雙手；為什麼人總要分開？單純的我想著，如果分離帶來的只有痛苦，那為何還是有人選擇另一條路呢？我見過大大小小的離別：有小學畢業典禮的不捨、戀人在車站月臺上的難分難離、和寵物分開的心痛，以及與敬愛的父親分隔兩岸。

可是在眾多經驗中，我發現其實「離別」效應並非只帶苦澀。我在見到睽違已久的同學時，心中湧升莫名的激動，那是平常不曾有的；分別的愛人因離別而使愛情更加堅貞、美麗；我對送走的小狗記憶，也因離別的哀愁更顯鮮明，那些過往回憶愈發甜蜜。我想我逐漸明白為什麼有人曾說：「離別，不是終點，而是起點。」因為人們總在分開後才開始細細品味那些過往雲煙，我在成長中明瞭：離別，不是終曲，不必為之悲傷；離別是在間奏後，又高起的波瀾，帶領人的感情邁向更加堅固的序曲。

從前，我不懂「離別」存在的價值，只道它是令人悲戚的、流淚的；隨著年歲增長，看過的、逝去的也多了，「離別」二字所代表的不僅有落寞，而是昇華成美麗的感情。就像落日殘霞總令人神傷，但如果我們留意就會發現，餘暉落盡後的是溫柔而皎白的月亮；那亦是「離別」的反義詞：「想念」。

　　末段「『離別』二字所代表的不僅有落寞，而是昇華成美麗的情感。」是運用迂迴喻，主體是「離別二字所代表的」，喻體是

「昇華成美麗的感情」也是「意」，而「象」在前文作說明。

在第三段，作者的眾多經驗發現：一是「暌違已久的同學」；二是「分別的愛人」；三是「送走的小狗」離別後，「過往回憶愈發甜蜜」。整個舉例的說明，其「深層結構」，所呈現的別後情更濃的形象。

本文的主旨，闡述離別，並非只是苦澀，反而因離別，彼此的感情更為堅貞。所運用的譬喻，其「意象」呼應主旨。

學生作品七：〈夏天最棒的享受〉：

藍藍的天，白白的雲，再加上一顆火熱熱的大太陽——這就是夏天，如此熱情活力，卻又酷熱難耐。面對炎炎酷暑、一波又一波迎面撲來的熱浪、攝氏破三十度的高溫，我自有一樣足以對抗這些小惡魔的法寶——不用多說，它當然就是吃冰！

相信許多人都體會過，在炎炎夏日裡，吃碗剉冰，那股沁入心脾的清涼無疑是人生的一大享受！傳承了父親「嗜冰如命」的精神，對我來說，冰品也足以用「精神糧食」來形容，在我心裡，吃冰早已不是生活中平凡的小活動，而是夏季生活無人能比的頭號享受！

你或許可以想像一下，當溫度計的刻度持續升高，一顆大太陽頂在頭上，連風都不知到哪避暑了，空氣彷彿停滯在四周，遠方的景物甚至因熱氣而看起來有些模糊、如豆大的汗珠不斷滴落……嘿！這時什麼都不用多想，走進剉冰店，你會發現，你做了個正確的選擇！

點碗剉冰，拭去汗水，坐在店裡的椅上，看著老闆從冰庫裡拿出一大塊冰，放入製冰機，一個碗公穩穩的擺在出冰口，打開電源，片片雪花隨即飄入了碗裡，俄頃便堆成了一座小冰山，

光看此光景，暑氣便已消了大半。待老闆淋上糖漿、加上配
料，再端到眼前，心中的歡喜更是無法言喻！

此時拿起湯匙，挖起一大口冰含入嘴中，喔！這時嘴裡嚐到的
早已不是冰花，而是滿滿的幸福感！一口接著一口，吃著冰、
享受清涼，這種享受足以將戶外的炎陽融化掉！

藍天白雲，夏天的腳步又即將到來，面對再度來臨的酷熱，還
須說什麼？走！就去吃冰吧！

倒數第二段「這時嘴裡嚐到的（冰）早已不是冰花，而是滿滿
的幸福感」運用迂迴喻，主體是「這時嘴裡嚐到的（冰）喻體是
「滿滿的幸福感」也是「意」，而「象」是前文對冰的描述。

在第四段描繪刨冰的過程，「片片雪花隨即飄入碗裡，俄頃便
堆成了一座小冰山」，「暑氣便已消了大半」，再加上配料，「心中的
歡喜便是無法言喻」。整個描繪，其「深層結構」，凸顯暑氣渙然冰
釋的形象。

本文的主旨是吃冰是夏天最棒的享受，運用譬喻，其意象呼應
主旨。

經過七篇範文的解說，可以歸納：

1.「譬喻」的「意象」，在篇章的作用：

（1）「意象」正面呼應主旨（範文一、二至七）。

（2）「意象」有反襯主旨（範文二）。

（3）「意象」的表達在「情」，有範文一、二、六、七；「意象」
　　　表達在「理」，有範文三、四、五。

（4）「象」的描繪方式，可歸納四項：鎖定特定的情境（範文
　　　一）、並列關係（範文四、五、六、七）、從具體到抽象（範
　　　文二）、因果關係（範文三）。

2. 運用譬喻的種類：總共使用有明喻、暗喻、博喻（範文二、五）
而學生的作品，可以歸納：「譬喻」的「意象」在篇章的作用：

（1）「意象」有正面呼應主旨（學生作品一至四、五至七）。

（2）「意象」有反襯主旨（學生作品五）。

（3）「意象」表達在「情」，有學生作品一、二、三、六、七；
「意象」表達在「理」，有學生作品四、五。

（4）「象」的描繪方式，可歸納四項：鎖定特定的情境（學生作
品二、四、七）、並列關係（學生作品六）、從具體到抽象
（學生作品一、五）、時間順序關係（學生作品三）。在描繪
過程中，有些作品稍嫌不足，例如學生作品二，能夠具體表
現溫暖、和善的動作則更好；學生作品四，捕捉我們的心靈
過於抽象，能具體描述較好些；學生作品六、送走小狗的記
憶此事與主旨感情昇華無法配合，學生作品七，能夠加些味
覺的摹寫則更好。

3. 運使譬喻的種類總共使用有：明喻（學生作品四）、暗喻（學生
作品二、三、五）、略喻（學生作品一）、迂迴喻（學生作品六、
七）。

六　結論

　　學生使用譬喻法，在「意象」的表現上，透過上述的觀察不難發
現：

第一，吸收範文的特色，在「意象」的運用上，大致尚可圈可點，皆
能突顯特色，呼應主旨，在描繪「象」的部分，大致能運用妥
當。除了少數的地方能加以修正，皆屬佳作。

第二，學生運用譬喻的「迂迴喻」，也是學習其他範文有關，例如陳

黎的〈聲音鐘〉：「他們構築的不是物理的時間，而是人性——或者更準確地說——心情的時間。」

如此，可以看出：學生從範文的學習到寫作表達是有正面的連帶影響。

當面對不斷的教育問題產生，以及社會大眾關心教育的同時，教師應接受挑戰，應思考嘗試創新教學的方法，來努力改善教學品質，能以實際的成效，消弭大多數的疑慮，竊想此事是絕不容忽視的重要課題。筆者基於上述的關心，利用修辭的譬喻「意象」與作文教學結合，觀察學生透過範文教學的學習，再以基測作文為驗收對象，雖然抽樣的作文不能代表全體，但多少發現學生的吸收與表現，應有一些正面影響，雖不知是多少、多大，但值得努力開發，因此不揣淺陋，盼能拋磚引玉，引起教育界同仁共同重視、努力，是為所願。

——原發表於高雄師大舉辦「修辭學與國語文教學國際學術研討會」，

二〇一三年六月七日

參考文獻

一　專書（以引用先後為序）

李澤厚　《李澤厚哲學美學文選》　臺北市　谷風出版社　1987年

萬　陸　《中國散文美學》　鄭州市　中州古籍出版社　1989年

袁　暉　《比喻》　合肥市　安徽人民出版社　1982年

陳滿銘　《作文教學指導》　臺北市　萬卷樓圖書公司　1994年

齊元濤、王立軍、鄭振峰、趙樂清　《篇應用通則》　瀋陽市　春風
　　　文藝出版社　2000年

二　期刊論文（以引用先後為序）

蔡宗陽　〈修辭與作文教學〉　國立高雄師範大學、中國修辭學會主
　　　編　《修辭論叢》第二輯　2000年

陳滿銘　〈論篇章辭章學〉　《國文學報》35期　2004年6月

陳滿銘　〈論篇章意象之真、善、美〉　《成大中文學報》27期
　　　2009年12月

李家同　〈天啊！小四考這個？可憐可憐孩子吧〉　《聯合報》
　　　2009年3月7日

任懷鳴　〈2千5百個孩子基測作文零分　為什麼得不到重視？〉
　　　《臺灣立報》　2012年7月26日

〈老師把國語變恐怖了！〉　《聯合報／黑白集》　2009年3月8日

姜　穎　〈張曉風：小學念修辭學　走共黨老路〉　《聯合晚報》

2009年3月9日

廖玉蕙　〈跟孩子站在同一邊〉　《聯合報》　2009年3月18日

王彩鸝　〈教部：修辭學可欣賞 不准考〉　《聯合晚報》　2009年7
月28日

審美意象的張力在國中範文中的運用

一　前言

　　說到「意象」，皆會聯想到屬於文學的範疇，尤其適於古典文學的鑒賞，誠如袁行霈先生說到：

> 鑒賞中國古典詩歌，不僅要著眼於它們所指寫的客觀物象，還應透過它們的外表，看其中注入的意念和情感；注意主客觀兩個方面融合的程度。只有抓住詩歌的意象，以及意象所包含的旨趣，意象所體的情調，意象的社會意義和感染作用，才能真正地鑒賞中國古典詩歌。[1]

　　「意象」作用不限於鑒賞而已，尚有其他的功能。近來閱讀香港教師的論文〈意象訓練——加強學生中文作文的創造力〉，結論說到：

> 現有的實例證明，意象訓練有助於學生改善其寫作的流暢程度、文筆風格、內容及文法習慣。[2]

1　袁行霈撰：〈中國古詩歌的藝術鑒賞〉，收入《中國詩歌藝術研究》（北京市：北京大學出版社，1987年），頁132。
2　郭思穎、林少雯、趙明明撰：〈意象訓練——加強學生中文作文的創造力〉，《香港教師中心學報》2004年第3卷（2004年），頁138。

另外在大陸出版的書《意象運用技法》，序中說到：

> 通過對古典詩詞含義豐富的意象和解讀，希望給同學們一雙文
> 化的眼睛，同學們用文化的眼光看萬物，用文化的心態審視文
> 化的生活。[3]

以及臺灣本地的書《讓青春的意象遄飛》，書中提到：

> 每一種具體的物象，其背後一定蘊含著某種情意，這就是「意
> 象」的根本意涵。同學只要順著看見物象給你的直接感覺，去
> 敘述抽象的情感，應該可以呼應物象的本質，找到最貼切的答
> 案。[4]

在兩岸三地前後時間，看到「意象」被充分運用到寫作能力方面，令
人耳目一新的感受，這是值得重視的問題，也是值得開發的題材。

筆者曾經嘗試以〈試說譬喻法在篇章中的運用——以國中生的學
習與創作為例〉[5]，不過此次想透過審美意象的張力在國中範文中的
運用，提供寫作實例的方法，讓學生能掌握到技巧，有助表達能力。

二　審美意象及審美意象的張力

「意象」運用在創作上，成為文藝理論探討的重心，應該是從劉
勰開始，其著作《文心雕龍・神思》說到：

> 是以陶鈞文思，貴在虛靜……獨照之匠，窺意象而運斤。此蓋

3　譚蘅君撰：《意象運用技法》（重慶市：重慶出版集團，2007 年），頁 1。
4　蒲基維主編：《讓青春的意象遄飛》（臺北市：萬卷樓圖書公司，2013 年），頁 32。
5　今年 6 月 7 日在高雄師大舉辦「修辭學與國語文教學國際學術研討會」發表。

馭文之首術，謀篇之大端。

吾師陳滿銘教授闡述說：

> 在此，劉勰指出作家需內心虛靜，才能醞釀文思、經營意象。
> 如此就統一了內在心思與外在事物，而產生美感。[6]

所以「意象」是心物交互作用的呈現，必然產生美感，由於具有藝術
形象，也可稱為「審美意象」，誠如柯漢琳先生說道：

> 專指藝術形象的意象，是一種具有審美品格的特殊意象，即審
> 美意象，自《文心雕龍》始，古代文論中所說的意象，都是審
> 美意象，只是由於那時還沒有「審美」的概念，人們未能使用
> 「審美意象」的概念以區別於其他意象而已。[7]

如果以西方的心理學格式塔理論來看，「心」是主體的內在
「意」，「物」是客觀的外在「象」。審美意象就是把內在的「意」與
外在的「象」合一，情感與意象一致，主客觀體相連。形成「同形同
構」，或「異質同構」。對此，童慶炳先生闡釋說：

> 然而，格式塔心理學派卻用異質同構性原理來解釋此種自然與
> 心靈相溝通的現象。他們認為，世界上萬事萬物的表現，都具
> 有力的結構，「像上升和下降，統治和服從、軟弱和堅強、和
> 諧與混亂、前進與退讓等等基調，實際上仍是一切存在物的基
> 本存在形式」（魯道夫・阿思海姆《藝術與視知覺》）。他們還

6　陳滿銘撰：〈意象轉位結構論〉，《平頂山學院學報》第 24 卷第 3 期（2009 年 6
　　月），頁 86。
7　柯漢琳撰：〈論審意象及其思維特徵〉，收入《籬側論稿──文藝學與美學論文選》
　　（北京市：中國社會科學出版社，2007 年），頁 117。

認為，物理世界和心理世界的質料是不同的，但其力的結構可
以相同的。當物理世界與心理世界的力的結構相對而溝通時，
那麼就進入到了身心和諧、物我同一的境界，人的審美體驗也
就由此境界而產生。[8]

「自然與心靈的溝通」即是審美的主體與客體相連，契合統一，即產
生美感，形成審美意象的張力，誠如陳大柔先生闡述：

美不僅只有意義的形式，而且是有意義的張力形式，其張力形
式包括實在的審美屬性的張力形式和可使主體「動心」的審美
張力形式兩個方面。當審美主客觀體這兩個張力達成同形同構
時，審美客體就撥動了審美主體的心弦而令人動心。就藝術審
美活動而言，當有意味的張力形成與主體的心理張力形式同形
同構時，審美主體就有了動情的美感，或產生出美的意象。[9]

「主體的審美心理和客觀體實在的審美屬性皆具有張力，這兩種張力
能達成契合統一而產生令人動心的美感」[10]此「動心的美感」、「美的
意象」也可稱為「審美意象」的張力。

「審美意象」的張力，如何能判斷呢？柯漢琳先生提供方法說：

這樣以情感為特質的自由想像力所創造出來的審美意象（這裡
指藝術形象），用理性眼光來看是「不可思議」的，然而，用
審美的眼光來看卻是合乎人情的。[11]

8　童慶炳撰：〈心靈與自然的溝通——談「異質同構」〉，《中國古代心理詩學與美學》
　　（臺北市：萬卷樓圖書公司，1994 年），頁 170。

9　陳大柔撰：《美的張力》（北京市：商務印書館，2009 年），頁 7。

10　童慶炳撰：〈心靈與自然的溝通——談「異質同構」〉，頁 530。

11　陳滿銘撰：〈意象轉位結構論〉，頁 123-124。

因此，凡是一般常理下「不可思議」的情形，使得審美的主體、客體契合，可藉此說明審美意象有張力的產生。

舉例說明，朱自清的〈背影〉，其父背影的意象，有四個，其中其父替作者買橘子的意象最為深刻，文章描寫：

> 我看那邊月臺的柵欄外有幾個賣東西的等著顧客。走到那邊月臺，須穿過鐵道，須跳下去又爬上去。父親是一個胖子，走過去自然要費事些。我本來要去的，他不肯，只好讓他去。我看見他戴著黑布小帽，穿著黑布大馬褂，深青布棉袍，蹣跚地走到鐵道邊，慢慢探身下去，尚不大難。可是他穿過鐵道，要爬上那邊月臺，就不容易了。他用兩手攀著上面；兩腳再向上縮；他肥胖的身子向左微傾，顯出努力的樣子。這時我看見他的背影，我的眼淚很快地流下來了。

其父要到對面月臺買橘子，要跳下爬上月臺，由於其父是「胖子」，跳下去比較容易，而爬上卻比較困難，因此作者描寫其父爬上月臺的動作，特別細膩，「兩手攀著上面，兩腳再向上縮，他肥胖的身子向左微傾」，寫到此，其父為子疼愛之情已經展露出來，其父親的「背影」的意象──慈父，已有初步的輪廓浮現，又來了一筆「顯出努力的樣子」，父親為子為家庭付出，無怨無悔的形象更為顯現。黃錦鋐教授特別指出：

> 如果整合統貫全文的意旨來看，我們就可以理解作者描寫他父親爬月臺買橘子的背影，是代表他父親一生為家庭、為兒女辛勞的寫照。上文作者說祖母死了，家道中落，上一代的責任要他父親來負擔。兒子又要到北京讀書，教育下一代的責任也要他父親來負責。上下兩代的責任，都壓在他父親一人的肩膀，

　　　　使他父親一生都像是很辛苦的在爬月臺。[12]

因此，「父親爬月臺的背影」是物，是象，是「審美客體」；「父親為上下兩代，一生都像是很辛苦的在爬月臺」是心，是意，是「審美主體」，有了「顯示努力的樣子顯示」，一位胖子展現不可思議的動作，才使得意象有了張力，如果沒有此句子的話，張力不顯，「審美客體」與「審美主體」無法契合，意象就不夠彰顯。可見張力對審美意象的重要。

三　「審美意象」張力在國中範文裡的運用

　　本文嘗試從國中範文中舉例，觀察「審美意象」的張力出現在：

（一）語法位置

　　例如，陳源的〈哀思〉，首段：

　　　　孫中山先生的靈柩從協和醫院移往中央公園的時候，我也雜在
　　　　鵠立道旁的數萬人中瞻望。我聽了那況雄的軍樂，看了那在微
　　　　風中飄盪的白幡，和幡下走動著的無組織，無秩序，三三兩
　　　　兩，男男女女，臂上繫著黑紗，胸前戴著一朵白紙花的千千萬
　　　　萬的人──大多是少年人，我已經覺著心中一陣酸痛，眼淚便
　　　　湧到眼眶裡了。

作者為什麼會「心中一陣酸痛，眼淚便湧到眼眶裡了」？作者是看到什麼景象而酸痛流淚呢？主要是作者看到許多少年人也出現送殯行

---

12 黃錦鋐撰：〈國語文教學的新方向〉，收入《國文教學資料彙編》（臺北市：臺北市政
　　府教育局，1997 年），頁 6-7。

列，整個送殯行列的意象，因為這些「男男女女」的少年人，是「無組織、無秩序、三三兩兩」這是張力，展現「少年人」不可思議的自動自發，將審美的意象，彰顯出來。這是「張力」運用在形容性的詞語上面。

又例如：洪醒夫的〈紙船印象〉，其中第四段：

> 這些紙船都是有感情的，因為它們大都出自母親們的巧思和那雙粗糙不堪、結著厚繭的手。母親摺船給孩子，讓孩子在雨天裡也有笑聲，這種美麗的感情要到年事稍長後才能體會出來，也許那雨一下就是十天半月，農作物都有被淋壞、被淹死的可能，母親心裡正掛記這些事，煩亂憂愁不堪，但她仍然平靜和氣的為孩子摺船。摺成比別的孩子所擁有的還要漂亮的紙船，好讓孩子高興。

作者回憶童年，母親為孩子摺紙船的情形。母親為孩子摺紙船的意象，是要突顯母親對孩子的關愛。作者如何營造呢？農作物受到雨水淋濕是農家最擔心不過的，還有其他的心思，去摺紙船呢？但是母親仍然「平靜和氣」的為孩子摺船，還摺出更漂亮的紙船，如此彰顯出母親的關愛。

所以說「平靜和氣」是張力，展現母親排除萬難，也要為孩子摺出更漂亮的紙船，這不可思議的情態，將審美的意象彰顯來。這是「張力」運用在副詞性的詞語上面。

又例如，蘇東坡的〈記承天寺夜遊〉，全文：

> 元豐六年十月十二日夜，解衣欲睡，月色入戶，欣然起行。念無與為樂者，遂至承天寺，尋張懷民，懷民未寢，相與步中庭。

庭下如積水空明，水中藻荇交橫，蓋竹柏影也。

何夜無月，何處無松柏，但少閒人如吾兩人者耳。

作者因「烏臺詩案」被貶到黃州時，第四年所寫成這篇文章。文章充滿著「閒適的心情」，霍松林先生描述說：

> 入「夜」即「解衣欲睡」，「閒」；見「月色入戶」，便「欣然起行」，「閒」；與張懷民「步於庭中」，連「竹柏影」都看得那麼仔細、那麼清楚，兩個人都很「閒」。「何夜無月？何處無松柏？」但冬夜出遊賞月看竹柏的，卻只有「吾兩人」，因為別人是忙人，「吾兩人」是「閒人」。結尾的「閒人」是點睛之筆，以別人的不「閒」反襯「吾兩人」的「閒」。惟其「閒」，才能「夜遊」，才能欣賞月夜的美景。讀完全文，兩個「閒人」的身影，心情及其所觀賞的景色，都歷歷如見。[13]

所以這個「閒」字本文的主旨。但是作者被貶的心情與抱怨，在文章中支字看不到。似乎文章所呈現的只有豁達開朗嗎？霍松林先生又說：

> 蘇軾的心胸的確很「坦然」。累遭貶謫，仍然樂、曠達；即使流放到儋耳，也不曾像「騷人思人」那樣「悲傷憔悴」。但他有志用世，無不自願當「閒人」。因貶得「閒」，「自放於山水之間」，賞明月，看竹柏，自適其適，自樂其樂；但並不得意。他那「自適」與「自樂」，其中包含了失意情懷的自我排遣。〈記承天寺夜遊〉的字裡行間，特別是結尾數句的字裡行間，都表現了這種特殊心境；只不過表現得非常含蓄罷了。[14]

---

13 霍松林撰：《古文鑒賞辭典》（上海市：上海辭書出版社，1997年），下冊，頁1374。
14 霍松林撰：《古文鑒賞辭典》，頁1375。

從作者的背景了解到他的困境是充滿著無奈與抱怨，但是作者卻能以「閒」表達他的人生態度。

所以「閒」，針對作者背景遭遇而言，是張力，展現他在困境中的不可思議的人生態度，將審美的意象彰顯出來。「但少閒人如吾兩人耳」句這張力是「閒」，運用在賓語的詞語上面。

（二）修辭方法

例如，彭端淑的〈為學一首示子姪〉，其中第三段：

> 蜀之鄙有二僧，其一貧，其一富。貧者語於富者曰：「吾欲之南海，何如？」富者曰：「子何恃而往？」曰：「吾一瓶一缽，足矣。」富者曰：「吾數年來欲買舟而下，猶未能也。子何恃而往？」越明年，貧者自南海還，以告富者，富者有慚色。西蜀之去南海，不知幾千里也；僧之富者不能至，而貧者至焉。人之立志，顧不如蜀鄙之僧哉？

作者為要說明「立志」的重要性，舉出兩位僧去南海的故事，作證明，貧、富僧，皆要去南海，由於他們的條件，富僧「欲買舟而下」，貧僧「一瓶一缽」，常理判斷，富僧應該先到南海，而結果「僧之富者不能至，而貧者至焉。」貧者能到的關鍵卻是意志、毅力所致，這是「立志」所應具備的精神。

所以說作者採用對比的張力，說明「僧之富者不能至，而貧者至焉。」的不可思議的結果，將審美的意象顯現出來。這是「張力」運用在對比修辭上面。

又例如，佚名的〈詹天佑〉，其中第五段：

> 詹先生一生事業的最大成就，是築成從北京到張家口的平綏鐵

路。平綏鐵路在光緒三十一年開築,詹先生擔任總工程師。在
鐵路工程上用本國人擔任總工程師,這還是第一次。可是這條
平綏鐵路雖然全線只有三百五十多里,而沿線山嶺重疊,要經
過八達嶺、居庸關等處著名的天險,工程上必須穿山越嶺。全
線有四個山洞,最長的八達洞長三千八百餘尺,比起在平地建
築,不知要艱難幾百倍。當時世界輿論,都不相信我國能自己
築成這條鐵路。英國的報紙甚至輕蔑地說:「中國建築這條鐵
路的人才還沒有產生呢!」詹先生卻在這種空氣之下,毅然受
命,擘畫經營,夙夜匪懈,終於成功了,在我國的工程史上留
下了光榮的一頁。

這段是說明詹天佑成功地完成平綏鐵路的經過。在當時,詹天佑面對
三項挑戰:一是鐵路有四個山洞,最早的洞長三千八百餘尺;二是世
界輿論,不相信我國自己能築成;三是英國報紙輕蔑地說,中國建築
這條鐵路的人才還沒產生。結果,詹先生完成平綏鐵路,什麼原因?
在前文文章有提到是「他的專一,他的奮勉」。

　　所以說,作者採用排比的張力,說明完成不可思議的任務,將審
美的意象呈現出來。這是「張力」運用在排比修辭上面。

　　又例如,張騰蛟的〈那默默的一群〉,其中第四段:

婦道人家做起事情來當然是溫柔文雅的,但當她們面對著出現
在路面上的垃圾時,態度就嚴肅起來了。有一天,我就發現其
中一位肥胖婦人,端著她那長長的掃把,急急的去追趕一個被
風吹跑的空塑膠袋子,像追趕一個敵人那樣,追出幾十公尺之
後,終於把那個空塑膠袋給捉了回來。

本段是要說明「婦道人家」清掃垃圾的嚴肅態度。她們原本做事情的

態度是「溫柔文雅」，但是對付垃圾卻不一樣，作者採用譬喻法說「像追趕一個敵人那樣」，喻體是「像追趕一個敵人那樣」，面對敵人的情狀，不是你死就是我亡，因此呈現的意思是絕對不容許放過，其態度必是無比的嚴肅。

所以說，作者採用譬喻的張力，說明原本「溫柔文雅」的態度，轉變到不可思議的「無比嚴肅」，將審美意象表現出來。這是「張力」運用到譬喻修辭上面。

又例如，張騰蛟的〈溪頭的竹子〉，其中第三段：

> 這裡的竹子，是以占領者的姿態去盤踞一些山頭。它們不僅是為這片山野織起了一片青翠，重要的是，它們在這裡創造了一種罕見的姿態。記得當我第一眼觸及到這裡的竹林時，我曾經為之愕然良久，難道竹子們是在這裡進行一項爬高的比賽？每一棵竹子都在不顧一切地往上鑽挺，看起來就好像要去捕星星、摘月亮，也好像是大家一起去搶奪那片藍藍的天空。

本段是描繪溪頭竹子的「罕見的姿態」，作用運用擬人手法，將竹子說是進行爬高的比賽，怕不夠明顯，再說「往上鑽挺」；還不夠清楚，再說「像要去捕星星、摘月亮」、「大家一起去搶奪那片藍藍的天空」，由一層一層地描繪，「罕見的姿態」就很清楚了，高聳挺拔的形象就出現在眼前。

所以說，作者採用擬人手法的張力，說明竹子「捕星星、摘月亮」、「搶奪那片藍藍的天空」不可思議的「罕見的姿態」。將審美的意象呈現出來。這是「張力」運用到轉化修辭上面。

經由國中範文的舉例，歸納「審美意象」的張力，其表現方法可經由兩個管道：

一、在語法位置上：有形容性的詞語、副詞性的詞語、賓語的詞法

等。

二、在修辭方法上：有對比、排比、譬喻、轉化等。

不過，同時發現這幾篇文章有兩個共同特點：一是「審美意象」的張力與該篇文章的主旨有關：二是一篇文章中，「審美意象」的張力只出現一次。

四 結語

審美「意象」是創作者情感的思維，創作者運用不同的巧思，但畢竟都要使讀者了解創作者的「意」。創作者所運用的巧思，是要使得審美的「意象」能夠彰顯得更清楚，所以就要靠「張力」的作用。

筆者從過去到現在的國中範文舉例探討，歸納出兩個管道，在語法與修辭方面皆可運用，雖然舉例不多，但確信審美意象的「張力」值得關注、開發，如果寫作的教學能適當地運用此「張力」，能快速精準直接掌握創作者的「意」，就能提供寫作方面的參考。盼能拋磚引玉，將來有更多的管道方式呈現，能便捷寫作教學，是為所願。

——原刊於《第二屆語文教育暨第八屆辭章章法學學術研討會》，
國立臺灣師範大學國文系，二〇一三年十月二十六日

參考文獻

一　專書（以引用先後為序）

袁行霈　《中國詩歌藝術研究》　北京市　北京大學出版社　1987年

譚蔚君　《意象運用技法》　四川市　重慶出版集團　2007年

蒲基維主編　《讓青春的意象逴飛》　臺北市　萬卷樓圖書公司
　　　2013年

柯漢琳　《籬側論稿——文藝學與美學論文選》　北京市　中國社會
　　　科學出版社　2007年

童慶炳　《中國古代心理詩學與美學》　臺北市　萬卷樓圖書公司
　　　1994年

陳大柔　《美的張力》　北京市　商務印書館　2009年

陳振鵬主編　《古文鑒賞辭典》　上海市　上海辭書出版社　1997年

臺北市政府教育局編　《國文教學資料彙編》　臺北市　臺北市政府
　　　教育局　1997年

二　期刊論文（以引用先後為序）

郭思穎、林少雯、趙明明　〈意象訓練——加強學生中文作的創造能
　　　力〉　《香港教師中心學報》2014年第3卷

陳滿銘　〈意象轉位結構論〉　《平頂山學院學報》第24卷第3期
　　　2009年6月

四
範文欣賞

解構藏辭寓意
── 直指作者情志

　　讀過劉禹錫的〈陋室銘〉，都知道「孔子云：『何陋之有』」作者刻意隱藏「君子居之」的話，作者為什麼要藏詞呢？一方面有修辭的效果；另一方面是作者的謙虛，不願意明說，讓讀者去體會。這種不願意明說的「謙虛」往往是作者的寓義，必須透過細心地體會才能掌握到。寓義能掌握，作者的情志才能披露無遺。

　　筆者教完歸有光的〈項脊軒志〉，有兩點淺見，關係到作者的寓義，提出來供方家指正。

第一點：「可悲」在那裡？

　　文中第二段「然余居此，多可喜，亦多可悲。」其中的「可喜」是指第一段修葺後的「項脊軒」，享有明亮的書房、幽靜的環境、讀書的自樂、軒外的景緻等。「可悲」是指什麼？一般地回答，即指第二段的分家、懷念母親、追憶祖母的叮嚀。試問：懷念母親及追憶祖母的期許為什麼是「可悲」呢？值得進一步探討。

　　作者八歲時，其母過逝。一位八歲的小孩對母親的記憶相當有限。當乳娘告訴作者「某所，而母立於茲」、「汝姊在吾懷，呱呱而泣；娘以指扣門扉曰：『兒寒乎？欲食乎？』」等等零碎、片段的往事，這對思親心切的作者來說是相當珍貴，作者當然「語未畢，余

泣。」這充分表達對母親的懷念。但是另一方面也顯示一位小孩對於母親的記憶僅僅只有如此地少，這難道不可悲嗎？（作者十八歲撰寫〈項脊軒志〉的前四段，後二段是在三十五歲前完成的。後來作者大約二十五、六歲探知許多有關於母親的事蹟，才撰寫〈先妣事略〉）

　　作者曾說：「昔我歸氏，自工部尚書而下，累葉榮貴，迄於唐亡。吳相相傳謂之著姓。」（叔祖存默翁六十壽序）這是他誇耀歸氏祖先考取功名、在朝作官的情形。宋代咸淳間，有一位先祖做過湖州判官，移居昆山項脊涇，成為當地的大族，當時流傳「縣官印不如歸家信」的說法，可見歸氏的家族在地方上的聲望、這就是作者後來就以「項脊」作書齋名稱的由來，同時他也以歸氏的祖先為榮耀。但是很可惜，他的祖父、父親都沒有功名，以讀書耕田為業，現在家族的希望自然落在歸有光的身上。因此祖母說：「吾家讀書久不效，兒之成，則可待乎！」這就是對作者高度的期望；祖母又持象笏說：「此吾祖太常公宣德間執此以朝，他日汝當用之。」這就是暗示作者非考取功名不可。這些言語，自然流露祖母對子孫的期望，但是也充分凸顯作者背負著沉重的壓力，試看作者中舉人之前，連續五次失敗；高中進士之前，連續八次名落孫山；作者為什麼會有如此堅毅的精神呢？這就是要完成祖母的遺願，也可說是歸氏家族的宏願。能了解作者的背景及坎坷的仕途，就可以體會到十八歲的作者，內心擔負著非考取功名不可的沉重壓力，這難道不可悲嗎？

　　文章到了第三段「可悲」的壓力仍然不減，「軒凡四遭火，得不焚，殆有神護者。」項脊軒如果被火燒掉，作者的功名也就成泡影，所以連祖先都在庇護項脊軒不能被燒，換言之，歸氏的祖先也給作者無形的壓力，這難道不是可悲嗎？

第二點：蜀清、諸葛孔明暗示什麼？

　　文章第四段是作者自述抱負、理想：引用「蜀清守丹穴，利甲天下，其後秦皇帝築女懷清臺。」「蜀清守丹穴」即暗示要守住歸氏祖先的傳統與榮耀，也就是要考取功名，呼應前面第三段的「吾家讀書久不效，兒之成，則可待乎」；引用「劉玄德與曹操爭天下，諸葛孔明起隴中。」「諸葛孔明起隴中」是暗示為官的態度，不忮不求。這是呼應前面祖母持象笏「他日汝當用之」的話。後來作者考中進士，被派為長興縣令，有人替他惋惜，他說：「豈以我為諸生，不能為吏耶？……若謂儒者不能為吏，則天下之官其誰任之？」（引自孫岱的《震川先生年譜》）頗能彰顯「諸葛孔明」的精神。誠然如黃錦鋐先生闡釋說：「意謂即使出仕，也要像劉備三顧草蘆諸葛亮出去為官一樣，不是自己去追求的。」

——原刊於《中央日報》，一九九九年三月六日

五
教材探賾

高中國文第一冊教材疑義舉例

一 前言

　　教材是教師教學的依據，也是學生學習的典範。因此，教材的完整性，是值得重視的課題。筆者從八十六學年度起教高中，正值第一學期結束，茲將國文第一冊教材中，值得商榷的範文及注釋部分，提出淺見，供方家指正為荷。

二 教材疑義的分析

　　依據現行由國立編譯館主編高中國文課本民國八十六年八月改編四版，發現教材中有疑義的範文如下：一、陳之藩的〈哲學家皇帝〉（以下引用作 1-1），二、韓愈的〈師說〉（以下引用作 1-2），三、方苞的人〈左忠毅公軼事〉（以下引用作 1-3），四、琦君的〈一對金手鐲〉（以下引用作 1-4），五、顧炎武的〈廉恥〉（以下引用作 1-5），六、〈檀弓選〉（以下引用作 1-6），七、梁啟超的〈學問之趣味〉（以下引用作 1-7），八、歐陽修的〈縱囚論〉（以下引用作 1-8），九、曾鞏的〈墨池記〉（以下引用作 1-9），十、蔣經國的〈看不見，可是你依舊存在〉（以下引用作 1-10），十一、陶潛的〈桃花源記〉（以下引用作 1-11），十二、張秀亞的〈談靜〉（以下引用作 1-12），十三、歸有光的〈項脊軒志〉（以下引用作 1-13），十四、劉鶚的〈明湖居聽

書〉（以下引用作 1-14），十五、〈飲馬長城窟行〉（以下引用作 1-15）。

（一）範文的部分，分為二項：

1　標點符號的不當

　　（1）古之聖人，其出人也遠矣，猶且從師而問焉；今之眾人，其下聖人也亦遠矣，而恥學於師。是故，聖益聖，愚益愚，聖人之所以為聖，愚人之所以為愚，其皆出於此乎？（1-2）。

其中「是故」是作連詞，其作用為何？依據段德森先生的解說，他說：

　　是故，是由「這個緣故」的意思凝固虛化而成的，常用來表示結果，作用相當於連詞「故」。承接原因而推算事理的結果，常用在句子或分句主語前邊，偶有放在主語後邊的，可譯為「因此」、「因而」、「所以」。[1]

換言之，「是故」之前的分句表示原因的，「是故」之後的分句表示結果的。問題是「是故」之後的句子到那裡結束。筆者以為是在「聖益聖，愚益愚」處作結束。

　　「古之聖人」與「今之眾人」作對比，由於「猶且從師而問焉」、「而恥學於師」的原因，才會造成「聖益聖，愚益愚。」的結果。至於「聖人之所以為聖，愚人之所以為愚，其皆出於

1　段德森編：《實用古漢語虛詞》（太原市：山西教育出版社，1991 年），頁 796。

此乎？」是作者推測的言詞，與「古之聖人」、「今之眾人」對比的事情，無法連繫成因果的關係，因此，教科書在「聖益聖，愚益愚」處，作「，」，應改為「。」較為妥當。

（2）「人而如此，則禍敗亂亡，亦無所不至。況為大臣而無所不取，無所不為，則天下其有不亂，國家其有不亡者乎？」（1-5）。

其中「況」是作連詞，其作用為何？依據段德森先生的解釋，他說：

況，由比較程度的副詞，發展成遞進的連詞，從先秦沿用到近代。[2]

而此處的用法，屬於「表示比較起更進一層」，段先生又加以解釋說：

其句子是反詰語氣，「況」用在後一分句，前一分句常用「猶」、「尚」、「且」等詞襯托，構成「猶……況」的句式。[3]

因此整個句子，屬於遞進關係的複句。「人而如此，則禍敗亂亡，亦無所不在」是第一分句，「況為大臣……國家其有不亡者乎？」是第二分句。「況」字接在第二分句，表示反詰的語氣，依據教育部國語推行委員會編印的〈重訂標點符號手冊〉，有關「？」問號，使用說明提到說：

用在疑問句之後，……三、反問：（一）你不肯，難道我肯？（二）你不要？你真的不要？[4]

2　段德森編：《實用古漢語虛詞》，頁 521。

3　段德森編：《實用古漢語虛詞》，頁 521。

4　教育部國語推行委員會編：《重訂標點符號手冊》（臺北市：教育部，1987年），頁20。

　　因此說到「則天下其不亂」、「國家其有不亡者乎」後面標點符號
皆作「？」，而教科書卻在前句作「，」，值得商榷。

　　同樣地，下列六句（3至8句）應表示反詰語氣的句子，如下：

　　（3）仲尼曰：「能執干戈以衛社稷，雖欲勿殤也，不亦可
乎！」（1-6）

其中的「不亦可乎！」的「！」，宜改為「？」。

　　（4）烏有所謂施恩惠，與夫知信義者哉？（1-8）

其中的「烏有所謂施恩德，」的「，」宜改為「？」。

　　（5）然後世未有能及者，豈其學不如彼邪？則學固豈可以少
哉？況欲深造道德者邪？（1-9）

其中的「則學固豈可以少哉！」的「！」宜改為「？」。

　　（6）夫人之有一能，而使後人尚之如此，況仁人莊士之遺風
餘思，被於來世者如何哉！（1-9）

其中的「被於來世者如何哉！」宜改為「？」。

　　（7）我卻說（那絕非幸災樂禍）：安知那不是造物主故意的安
排，……（1-12）

其中的「安知那不是造物主故意的安排，」的「，」宜改為「？」。

　　（8）巫、醫、樂師、百工之人，君子不齒，今其智乃反不能
及，其可怪也歟！（1-2）

由於「士大夫之族」沒有像「巫醫樂師百工之人」「不恥相師」，而造

成「師道不復」，作者韓愈痛斥「士大夫」「其智乃不能及」，於是用反詰句子說「其可怪也歟」，實際上是「不可怪」，因此在句末應使用「？」較為適當，教科書卻作「！」，值得商榷。

（9）使史公更敝衣草屨，背筐，手長鑱，為除不潔者。（1-3）

這是獄卒要史公假扮「除不潔者」，史公更換「敝衣」、「草屨」，是兩項動作，「敝衣」、「草屨」是並列的賓語，因此其間應用「、」加以隔開，而教科書卻沒有，值得商榷。或者可將「草屨」獨立，與「更敝衣」、「背筐」、「手長鑱」並列看待，不妨在「敝衣」與「草屨」之間，加上「，」，不過「草屨」必須活用為述語了。

（10）她呢？能安安分分，快快樂樂地使個孝順媳婦（1-4）

句中的述語是「做」，「安安分分」、「快快樂樂」是並列的副語修飾「做」，「能」是副語修飾「安安分分」、「快快樂樂」，因此在「安安分分」，「快快樂樂」之間，應加上「、」，而教科書卻加上「，」，值得商榷。

2 用詞的不當

（1）他們異口同聲的說……我的脈搏好像還在加速的跳動……這樣拚命的工作……讓每一個學生自然的知道了什麼是生活。（1-1）

句子中的述語「說」、「跳動」、「工作」、「知道」，修飾它們的應皆是副語而範文的「異口同聲的」、「加速的」、「拚命的」、「自然的」，皆作形容詞，來修飾述語，不合於語法規範，均宜改為「異口同聲

地」、「加速地」、「拚命地」、「自然地」。誠然黎運漢、周日健兩位先
生說明到：

> 「的」是定語的標誌；它附著在詞或詞組後邊，表示它前邊的
> 成分是定語。「地」是狀語的標誌；它附著在詞或詞組後邊，
> 表示它前邊的成分是狀語。[5]

因此，「的」是形容詞詞尾，「地」是副詞詞尾，同樣地，教材注釋中
也明確地使用「地」的句子，例如：

> （⑬）冥然兀坐　默默地端坐。（1-13）
> （㉘）稍欲通解　漸漸地通達了解。（1-5）

所以「的」、「地」的分野，極為明顯。不過在教材中出現相當多的句
子，「的」、「地」不分，例如以下的六句（2 至 7 句）：

> （2）哭得抽抽噎噎的說不出話來……我們兩肚子都吃得鼓鼓
> 的跟蜜蜂似的……她有時咯咯的笑。（1-4）

其中的「抽抽噎噎的」、「跟蜜蜂似的」、「咯咯的」，宜改為「抽抽噎
噎地」、「跟蜜蜂似地」、「咯咯地」。

> （3）並不是要說學問是如何如何的有趣味……趣味總是慢慢
> 的來……你只要肯一層一層的往裡面追……特地恭恭敬敬的來
> 告訴諸君。（1-7）

其中的「如何如何的」、「慢慢的」、「一層一層的」、「恭恭敬敬的」，
宜改為「如何如何地」、「慢慢地」、「一層一層地」、「恭恭敬敬地」。

5　黎運漢、周日健編著：《虛詞辨析》（香港：商務印書館，1985 年），頁 46。

（４）他很快的回答我說……（1-10）

其中的「很快的」，宜改為「很快地」。

（５）你才可以慢慢的調理你的弦索……你才可以悄然的蓄集
你生命的力量……更清楚的認識了自己……但船頭的那只羅盤
針卻是靜靜的永指著不變的方向……他更充分的利用了生命中
的空白──幽獨、清靜……他是在悠閒的踱步……他痛苦的寫
下了那樣的句子……萬物的影子皆清晰的反映其上。（1-12）

其中的「慢慢的」、「悄然的」、「更清楚的」、「靜靜的」、「更充分
的」、「悠閒的」、「痛苦的」、「清晰的」，宜改為「慢慢地」、「悄然
地」、「更清楚地」、「靜靜地」、「更充分地」、「悠閒地」、「痛苦地」、
「清晰地」。

（６）慢慢的將三弦子取來……便丁丁當當的敲……又將鼓捶
子輕輕的點了兩下……漸漸的越唱越高……那聲音就漸漸的聽
不見了。（1-14）

其中的「慢慢的」、「丁丁當當的」、「輕輕的」、「漸漸的」，宜改為
「慢慢地」、「丁丁當當地」、「輕輕地」、「漸漸地」。

（７）乳娘一見我，眼淚撲漱漱直掉。（1-4）

形容眼淚不斷地掉，宜使用「撲簌簌」或「撲疏疏」，例如：

老叟撲簌簌淚下。[6]

（寶釵）說著，扶了鶯兒走到靈前，扛面奠酒，那眼淚也撲簌

---

[6] 文昌榮編：《描摹辭典》（北京市：中國青年出版社，1997年），頁253，引《拋相公》。

簌流下來了。[7]

清絕處，再踟躕。咳，糝東風窮淚撲疏疏。[8]

而範文卻作「撲漱漱」，「漱」是含水洗口腔，跟眼淚流下毫無關係，因此值得商榷。

（8）她神情有點黯淡。（1-4）

形容心裡不舒服，情緒低落，應使用「黯然」，例如，江淹的〈別賦〉：

黯然銷魂，惟別而已矣！[9]

李善注解說：

黯，失色將敗之貌。[10]

而「黯淡」，是指光線昏暗。例如，杜牧的〈代吳興妓春初寄薛軍事〉：

柳暗霏微雨，花愁黯淡天。

因此，要形容神情，宜應使用「黯然」，而範文卻用「黯淡」，值得商榷。

（9）其一人道：「不是，這人叫黑妞，是白妞的妹子。他的調門兒，都是白妞教的。若比白妞，還不曉得差多遠呢！他的好

7　文昌榮編：《描摹辭典》，頁 253，引曹雪芹《紅樓夢》。

8　文昌榮編：《描摹辭典》，，頁 254，引湯顯祖《牡丹亭》。

9　（梁）蕭統編，（唐）李善注：《文選》（臺北市：石門圖書公司，1976 年），卷 16，頁 241。

10　（梁）蕭統編，（唐）李善注：《文選》，卷 16，頁 241。

> 處，人說得出；白妞的好處，人說不出。他的好處，人學得
> 到；白妞的好處，人學不到。你想幾年來好玩耍的，誰不學他
> 們的調兒呢？就是窯子裡的姑娘們，也人人都學。只是頂多唱
> 一二句可到黑妞的地步；若白妞的好處，從沒有一個人能及他
> 十分裡的一分的。」

此段話是讚美白妞歌藝高超，白妞屬女性，文章指稱白妞屬女性第三
人稱，因此稱代用「她」較宜，而此段讚美的話內皆用「他」，是第
三人稱男性的用稱，值得商榷。

3　缺字

> （1）孔子曰：「三人行，則必有我師。」（1-2）

作者韓愈引述孔子的話，是出於《論語‧述而篇》，原文是：

> 孔子曰：「三人行，必有我師焉。擇其善者而從之；其不善者
> 而改之。」

很明顯地看出，韓愈多引了「則」字，少了「焉」字。古人引述經
典，或多或少增添減少一些字，不過總不會失其原意，增加「則」
字，有加強的作用，而少了「焉」字卻失去原意了。

原文的「焉」是兼詞，等於「於是（之）」。「師焉」即是「師於
三人之中」，所以在後文才會「擇其善」、「不善者」的行為來；同時
「師」字作為述語。韓愈引用到文章來，去掉了「焉」字，「師」字
變成為名詞，不僅如此，原來的意思也改變了。

再者，在〈師說〉中，也有出現「焉」字的句子，例如：

> 古之聖人，其出人也遠矣，且從師而問焉。

> 句讀之不知，惑之不解，或師焉，或不焉。

除了「或不焉」的「焉」字，作句末助詞或兼詞外，其他的「從師而問焉」、「或師焉」皆作兼詞。「問焉」即「問於之」、「師焉」是「師於之」。我們從這些例句，可以了解韓愈對「焉」的語言運用，相當地熟悉，必定不會在引述孔子的話時，少了「焉」字的，〈師說〉完成在貞元年間，距今一千一百多年，其間的傳鈔、刻版等等的手民誤植是相當有可能的，因此，筆者謹慎地認為：〈師說〉少了一個「焉」字。而教科書並沒有補上、說明，值得商榷。

（二）注釋的部分，分四項

1 不明確

> （1）⑨垂髫　指兒童。髫，音髫，小兒垂髮。（1-11）
> （2）㉚束髮　古時幼兒垂髮，十五歲成童，把頭髮束起來盤到頭頂，所以束髮指成童，十五歲。（1-13）

如果將「垂髫」的解釋，與「束髮」的解釋並列起來看，「小兒垂髮」、「幼兒垂髮」意思一樣，那麼「垂髫」的意思就是垂髮，實在難以推知垂髮者即是兒童特徵。

「髮」，依據漢代許慎的解釋說：

> 髮，頭上毛也。[11]

而「髫」，依據《後漢書‧伏湛傳》「髫髮厲志」注：

11　（漢）許慎撰，（清）段玉裁注：《說文解字注》（上海市：上海書店，1992 年），頁425。

　　　　埤蒼曰：「髻，髦也。」[12]

再看《詩經·鄘風·柏舟》毛傳注解：

　　　　髦者，髮至眉。[13]

又依《詩毛氏傳疏》疏解：

　　　　髮本字，髦假借字。[14]

再依據許慎解釋說：

　　　　髮，髮至眉也……髣，髮或省。[15]

可見，「垂髮」，垂頭髮，含義模糊，不夠明確。應為「垂髦」，因為「髦」是假借「髣」即「髮」，頭髮在頭前額下垂至眉，是兒童的特徵。因此「髻」的解釋作：兒童垂髮至眉，或是兒童鎮垂髦。意思更為明確。

2　不通順

　　（1）⑦垣牆周庭　　矮牆環繞著庭院。（1-13）

據解釋可以知道：垣牆是矮牆是意思。依據許慎的解釋說：

　　　　垣，牆也……牆，垣蔽也。[16]

12　（南朝宋）范曄撰：《後漢書》（臺北市：鼎文圖書公司，1975 年），頁 897。

13　（清）陳奐撰：《詩毛氏傳疏》（臺北市：臺灣學生書店，1975 年），卷數，頁 127。

14　（清）陳奐撰：《詩毛氏傳疏》，頁 128。

15　（清）陳奐撰：《詩毛氏傳疏》，頁 426。

16　（清）陳奐撰：《詩毛氏傳疏》，頁 235、684。

段玉裁注解說：

> 此云垣者，牆也，渾言之。牆下曰垣蔽也，析言之。垣蔽者，
> 牆又為垣之蔽也。垣自其大言之；牆自其高言之。……左傳曰
> 人之有牆以蔽也，故垣垣蔽。釋宮曰：「牆謂之墉」，釋名：
> 「牆，障也。」[17]

因此可知「垣」，乃是大的牆；「牆」，乃是高的牆。「垣牆」是又高又大的牆。所以才能有遮蔽的效果。因此課文注釋「垣牆」為矮牆，是不正確的說法，這是一方面，另一方面從文章上下文來看，該句子前後說到：

> 垣牆周庭，以當南日。日影反照，室始洞然。

可知「垣牆」的作用是擋南面的陽光，利用陽光的反射，射進室內。假如「垣牆」是矮牆，試問如何能擋陽光而反射呢？所以從文義上了解，注釋「垣牆」是矮牆的說法，造成文義不通順，而且又不正確，值得商榷。同時，「垣牆周庭」句子中的「垣牆」活用為述語，該句子的語譯應作：在庭院的四周砌上高牆。不僅文義合理，同時也能彰顯「垣牆」的詞性，比起教材的注釋「矮牆環繞著庭院」，較為通順。教材的注釋值得商榷。

3 不清楚

（1）㉙吾從板外相為應答　我從門外回答她。板，指門。（1-13）

---

17 （清）陳奐撰：《詩毛氏傳疏》，頁 235、684。

（2）⑧誰肯相為言　指沒有人肯來好言相慰。言，慰問之
意。（1-15）

這兩句話的解釋不夠清楚，因為其中的「相為」並沒有翻譯出來。
「相為」的「為」是介詞，至於「相」是副語，表示偏指，誠如段德
森解釋說：

> 「相為」只表示行為涉及某一方面，指代動作的對象，在語法
> 作用上近似前置的賓語，在意義上可譯為「我（們）」、「你
> （們）」、「他（們）」、「它（們）」，但仍是修飾、限制動詞，此
> 一用法在漢代就已出現了。[18]

因此偏指誰，必須依著上下文來推斷。「吾從板外相為應答」是老嫗
在室內到室外回答歸有光母親的話，所以「相為」是「為她」，「吾從
板外相為應答」的解釋作：我從門外對著她回答她的話。較為清楚。
　　「誰肯相為言」是思婦看見別人的丈夫回到他們的家，卻看不見
自己的丈夫回來。所以「相為」是「為我」，「誰肯相為言」的解釋
作：誰肯來向我慰問呢？該句應是疑問句，而範文卻作「！」，注釋
卻作「。」皆不宜，值得商榷。同時該句的解釋較注釋為清楚。

4　不一致

（1）⑫其　大概，表推測語氣。（1-2）
（2）⑧其　通「豈」，語氣語。（1-5）

第一句「其」句是「其皆出於此乎？」，「其」作副語，表示推測的語
氣，而注釋作「大概，表推測語氣。」沒有注明詞性。第二句「其」

---

18 段德森編：《實用古漢語虛詞》，頁 773。

句是「則天下其有不亂，國家其有不亡者乎？」，其中兩「其」皆作副詞，表示反詰語氣，而注釋作「通『豈』，語氣詞。」，不僅沒說明詞性，還漏了「反詰」，也就是沒有說明語氣的性質的語氣詞，綜觀兩「其」的注釋，一個有說明語氣的性質，一個沒有說明，既然同樣表示不同的語氣，為什麼注釋卻有不同的對待方式，不一致的方式，實在令人費解，值得商榷。

三　結語

總結上述，茲將高中國文科第一冊教材疑義的部分舉例，歸納成兩大類如下：

一、範文的部分：（一）標點符號的不當，（二）用詞的不當，（三）缺字。

二、注釋的部分：（一）不明確，（二）不通順，（三）不清楚，（四）不一致。

我們深切地了解到，教材是施教的依據，教材有了問題嚴重地影響老師的教學及學生的學習，其嚴重性是相當地大。誠然幾位教材教法的說明，蔣伯潛先生說道：

> 語體文用詞過於新奇、生僻者，句子太長、太複雜，或強求歐化者；文言文用詞過於古奧生僻者，句法太奇特與現代文法相去過遠者，所用典實過多，近於堆砌者，勿選；文句中有語病——文法錯誤或論理背謬者，不論文言語審，皆勿選。[19]

章微穎先生說道：

---

19 蔣伯潛撰：《中國國文教學法》（臺北市：成偉出版社，1975 年），頁 11。

詞句是文章的基本單位，詞句本質壞了，就如同材料的窳劣，
詞句使用得不穩稱，就如同零件的不合適，當然不會有好成
品。……文句有疵病——詞語害意，文法錯誤，理則背謬，或
浮詞累贅的，不論語體文言，都不予選取。其積極的條件，總
要詞意準確顯明，語句自然穩貼，運用精當，洗煉醇潔，而又
全文縱使不經教師講釋，學生也能自讀解到十之六、七，恰當
於學習能力、需要和興趣的，方為合度。[20]

黃錦鋐先生說到：

文章的詞句是學生練習運用文字的初階，假使詞句不好，就會
影響學生習作的基礎，所以教材的詞句，必須能為學生學習的
模則，同時又須顧及生字生詞合乎學生學習能力。因此，語體
文用詞過於新奇生僻者，句子太長，太複雜，或強求歐化者，
都不應該選取。[21]

這三位專家皆指出選擇教材，在詞句方面不能選取有瑕疵的文章。他
們的標準，是相當的嚴苛，不過倒也能反映出一個事實——不容許教
材出問題，因為教材是學生取法的對象。因此能夠這樣觀察，專家的
標準值得大家尊重的。

　　事實上，要能選出沒有瑕疵的文章，的確相當的困難；如果能退
而求其次，文章雖然有較少的瑕疵，經過刪改，達到完善的地步，也
不失為良好的方法。因此，筆者主張：如果上述疑義的部分，能證明
屬實的話，並不需要刪掉範文，只要作修訂即可；而注釋的部分也是
如此。

---

20 章微穎撰：《中國國文教學法》（臺北市：蘭臺書店，1975 年，第二版），頁 23-24。
21 黃錦鋐撰：《中國國文教學法》（臺北市：教育文物出版社，1981 年），頁 45。

教育部已經公布民國八十九年度正式開放審訂本教材，即將面臨教材大戰，因此教師面對多樣化的教材，如何選取，勢必形成重要的課題，筆者不揣淺陋，在本文歸納部編本疑義的幾個方面，同時除了藉此引起大家的關心教材，監督教材，盼望教材日趨完善外，也提供大家在選擇教材時的一些思考的空間，是為所願。

參考文獻
（以引用先後為序）

1. 段德森編　《實用古漢語虛詞》　太原市　山西教育出版社　1991年

2. 教育部國語推行委員會編　《重訂標點符號手冊》　臺北市　教育部　1987年

3. 黎運漢、周日健編著　《虛詞辨析》　香港　商務印書館　1985年

4. 文昌榮編　《描摹詞辭典》　北京市　中國青年出版社　1997年

5. （梁）蕭統編　（唐）李善注　《文選》　臺北市　石門圖書公司　1976年

6. （漢）許慎撰　（清）段玉裁注　《說文解字注》　上海市　上海書店　1992年

7. （南朝宋）范　曄　《後漢書》　臺北市　鼎文圖書公司　1975年

8. （清）陳　奐　《詩毛氏傳疏》　臺北市　臺灣學生書局　1975年

9. 蔣伯潛　《中學國文教學法》　臺北市　成偉出版社　1975年

10. 章微穎　《中學國文教學法》　臺北市　蘭臺書店　1975年再版

11. 黃錦鈜　《中學國文教學法》　臺北市　教育文物出版社　1981年

高中國文第二冊教材疑義舉例

一　前言

　　明年（民國八十八年）九月，高中教科書開放審定本，而部編本即將廢除。儘管如此，部編本的教材疑義，仍然值得探討，因為可以藉著疑義舉例說明，提供民間編定教材時的參考。筆者不揣淺陋，教完第二冊，整理隨錄的疑義部分，供方家指正為荷！

二　教材疑義的說明

　　依據國立編譯館主編高中國文第二冊，民國八十六年一月改編三版，發現教材疑義的範文如下：一、國文的〈黃花岡烈士事略序〉（以下引用作 2-1），二、范仲淹的〈岳陽樓記〉（以下引用作 2-2），三、朱光潛的〈我們對於一棵古松的三種態度〉（以下引用作 2-3），四、袁宏道的〈晚遊六橋待月記〉（以下引用作 2-4），五、豐子愷的〈漸〉（以下引用作 2-5），六、李白的〈長干行〉（以下引用作 2-6），七、蒲松齡的〈口技〉（以下引用作 2-7），八、蘇軾的〈教戰守策〉（以下引用作 2-8），九、曹雪芹的〈劉老老〉（以下引用作 2-9），十、白居易的〈與元微之書〉（以下引用作 2-10），十一、羅家倫的〈道德的勇氣〉（以下引用作 2-11），十二、劉義慶的〈世說新語選〉（以下引用作 2-12），十三、徐志摩的〈翡冷翠山居閒話〉（以下

引用作 2-13），十四、諸葛亮的〈出師表〉（以下引用作 2-14），十五、杜甫的〈贈衛八處士〉（以下引用作 2-15）。

　　筆者提出的疑義，分為兩大類：

（一）範文的部分，分為六項

1　標點符號的不當

　　　　（1）然是役也，碧血橫飛，浩氣四塞，草木為之含悲，風雲因而變色，全國久蟄之人心，乃大興奮，怨憤所積如怒濤排壑，不可遏抑，不半載而武昌之大革命以成。（2-1）

文中「然是役也」到「乃大興奮」是因果關係構成的複句；而「怨憤所積」到「大革命以成」也是因果關係構的複句，因此複句間的標點符號，應該使用「。」較妥當。

　　　　（2）其實湖先染翠之工，山嵐設色之妙，皆在朝日始出，夕舂未下，始極其濃媚。（2-4）

文中「其實」到「皆在朝日始出」是判斷繁句，「夕舂未下，始極其濃媚」是時間關係構成的複句，因此兩句之間，各自獨立，其間應該使用「。」較妥當。

　　以上屬於「。」的部分。

　　　　（3）然是役也，碧血橫飛，浩氣四塞，草木為之含悲，風雲因而變色，全國久蟄之人心，乃大興奮。（2-1）

文中「碧血橫飛」和「浩氣四塞」、「草木為之含悲」和「風雲因而變色」是兩組對偶句，在句中是並列的詞語，因此依據《重訂標點符號

手冊》說：

> 頓號……用在平列連用的單字、詞語之間。[1]

所以，在並列的詞語的中間，應該使用「、」加以標明較妥當。

以下 4-9 例句，皆是改為「、」較妥當。

（4）思量怎樣去買它，砍它，運它。（2-3）

該句應改為：思量怎樣去買它、砍它、運它。

（5）其實湖先染翠之工，山嵐設色之妙，皆在朝日始出。（2-4）

該句應該改為：其實湖先染翠之工、山嵐設色之妙，皆在朝日始出。

（6）因為其變更是漸進的，一年一年地，一月一月地，一日一日地，一時一時地，一分一分地，一秒一秒地漸進。（2-5）

該句應改為：因為其變更為漸進的：一年一年地、一月一月地、一日一日地、一時一時地、一分一分地、一秒一秒地漸進。

（7）倘水仙花果真當面開放給我們看，便是大自然的原則的破壞，宇宙的根本的動搖，世界人類的末日臨到了。（2-5）

該句應改為：倘水仙花果真當面開放給我們看，便是大自然的原則的破壞、宇宙的根本的動搖、世界人類的末日臨到了。

（8）九姑之聲清如越，六姑之聲緩如蒼，四姑之聲嬌如婉，以及三婢之聲，各有態響，聽之了了可辨。（2-7）

1　教育部國語推行委員會編：《重訂標點符號手冊》（臺北市：教育部，1987 年）。

該句應該改為：九姑之聲清如越、六姑之聲緩如蒼、四姑之聲嬌如婉、以及三婢之聲，各有態響，聽之了了可辨。

（9）更不提一般黃的黃麥，一般紫的紫藤，一般青的青草，同在大地上生存。（2-13）

該句應該改為：更不提一般黃的黃麥、一般紫的紫藤、一般青的青草，同在大地上生存。

（10）而七十二烈士者，又或有記載而語焉不詳，或僅存姓名而無事蹟，甚者且姓名不可考。（2-1）

該句是交替關係構成的複句。因此「又或有記載而語焉不詳」、「或僅存姓名而無事蹟」、「甚者且姓名不可考」皆是並列的分句，依據〈標點符號的使用〉說明：

分號（；）標明並列或對比的分句所使用的符號。[2]

因此語句應在並列分句間加上「；」較妥當。

以下 11-12 例句皆同，宜改為「；」。

（11）此不亦畏之太畏，而養之太過歟？（2-8）

應該改為：此不亦畏之太畏；而養之太過歟？

（12）同在大地上生長，同在和風中波動——他們應用的符號是永遠一致的，他們的意義是永遠明顯的。（2-13）。

應該改為：同在大地上生長；同在和風中波動——他們應用的符號是

2　國立編譯編：《國中國文科・語文常識一》（臺北市：教育部，1996 年），第 1 冊。

永遠一致的；他們的意義是永遠明顯的。

（13）甚者且姓名不可考；如史載田橫事，雖如史遷之善傳游
俠，亦不能為五百人立傳。（2-1）。

文中「如史載田橫事」是舉例說明「姓名不可考」，因此依據《重訂
標點符手冊》說明：

冒號……用在總起下文，或舉例說明上文。[3]

所以在「甚者且姓名不可考」的後面，應該加上「：」較為妥當。
類似的句子尚有 14 例句。

（14）因為其變更是漸進的，一年一年地，一月一月地，一日
一日地，一時一時地，一分一分地，一秒一秒地漸進。（2-5）

應該改為：因為其變更是漸進的：一年一年地、一月一月地、一日一
日地、一時一時地、一分一分地、一秒一秒地漸進。[4]

（15）噫！微斯人，吾誰與歸！（2-2）

「微斯人，吾誰與歸！」是反詰問句，屬於疑問句。因此依據《重訂
標點符號使用手冊》說明：

問號……用於疑問句之後。[5]

該句應該改為：噫！微斯人，吾誰與歸？
以下 16-22 例句，皆宜改為「？」。

3 　教育部國語推行委員會編：《重訂標點符號手冊》。
4 　李新建、羅新芳、樊鳳珍：《成語和諺語》（鄭州市：大象出版社，1997年），頁6。
5 　教育部國語推行委員會編：《重訂標點符號手冊》。

（16）人生幾何？離闊如此！況如膠漆之心，置於胡越之身；
（2-10）

應該改為：置於胡越之身？

（18）此句他人尚不聞，況僕心哉！（2-10）

應該改為：況僕心哉？

（19）先師孔夫子，猶未見周公，老夫陳最良，得見聖天子，
豈偶然哉！豈偶然哉！（2-11）

應該改為：豈偶然哉？豈偶然哉？

（20）馬猶如此，人豈不然。（2-11）

應該改為：人豈不然？

（21）他的理由是世間豈有豬都捨不得而肯自己殉國之理。
（2-11）

應該改為：他的理由是世間豈有豬都捨不得而肯自己殉國之理？

（22）效之，不亦達乎！（2-12）

應該改為：不亦達乎？

（23）這在女人恐怕尤為必要：歌劇中，舞臺上的如花的少
女，就是將來火爐旁邊的老婆子這句話，驟聽使人不能相信，
少女也不肯承認，實則現在的老婆子都是由如花的少女「漸
漸」變成的。（2-5）。

文中「歌劇中，舞臺上的如花的少女，就是將來火爐旁邊的老婆子」就是「這句話」，因此在「這句話」的前面應該加上「。」較為妥當。

以下 24-27 例句，皆是應該上加標點符號。

（24）一女子曰：「拗哥子鳴之不睡，定要從娘子來……」（2-7）

文中「拗哥子」是一女子稱呼脾氣彆扭的男孩子，並不是「鳴之不睡」的主語，因此須加以隔開，應該加上「！」較妥當。

（25）江浙風候稍涼，地少瘴癘，乃至蛇虺蚊蚋，雖有甚稀。（2-10）

文中「雖有甚稀」是轉折關係構成的複句，意思是：雖有但是甚稀。因此分句間必須隔開較為妥當，應該是：雖有，甚稀。

（26）願陛下親之信之，則漢室之隆，可計日而傳也。（2-14）

文中「願陛下親之信之」，應該改為：「願陛下親之、信之」。

（27）什麼偉大的深沉的鼓舞的清明的優美的思想的根源。（2-13）

應該改為：什麼偉大的、深沉的、鼓舞的、清明的、優美的、思想的根源。

2　用詞的不當

（1）何必又嘔心血去做詞、畫畫、奏樂呢？（2-3）

文中「嘔心血」，即是「嘔心瀝血」，是成語，出自：南朝梁・劉勰
《文心雕龍・隱秀》：

> 嘔心吐膽，不足語窮。

以及唐・韓愈〈歸彭城詞〉：

> 刳肝以為紙，瀝血以書辭。

「嘔心瀝血」成為成語，在運用方面，不宜任意增減，誠然《成語和
諺語》一書說到：

> 成語的固定性首先表現在成語有固定的字數上。成語一般以四
> 言為主，一經定型，它的字數就不能隨意增加或減少。[6]

因此在文中「嘔心血」，應該改為「嘔心瀝血」較妥當。

> （2）要建立新人生觀，第一必須養成道德的勇氣。道德的勇
> 氣是和通常所謂勇有區別的。通常所謂勇不免偏重體力的勇，
> 或是血氣的勇；而道德的勇氣，乃是人生精神力量最好的表
> 現，「匹夫之勇」與「好勇鬥狠」的勇，那能相提並論？（2-
> 11）

文中的「第一」，「第」是前綴，用在整數前，表示秩序。因此用「第
一」，就會用到「第二」……，但是在該文提到「要建立新人生觀」，
只講到「必須養成道德的勇氣」一項而已，所以用「第一」就不太適
宜，可以改用「最主要」等等較為妥當。

6　李憶民主編：《現代漢語常用詞用法詞典》（北京市：北京語言學院，1995 年），頁
　　255。

（3）因為道旁樹林的陰影在他們于徐的婆娑裡暗示你舞蹈的快樂。（2-13）

文中的「于徐」一詞，應該是「紆徐」較妥當。因為「紆徐」一詞，出於西漢司馬相如的〈子虛賦〉：

> 紆徐委曲。

因此文中的「于徐」,「于」錯用「紆」字。

（4）往往只是加重我們頭上的枷，加緊我們腳脛上的鍊。（2-13）

文中的「枷」與「鍊」皆指刑具。枷是木枷；鍊是鏈條。由於「加重我們頭上的枷」與「加緊我們腳脛上的鍊」是排比的句子（其間標點符號宜用「；」），句型、結構相同，因此鑲嵌的「枷」與「鍊」兩字也應有關係才合理；而「枷」一般常與「鎖」構成並列結構，意思是比喻受到束縛。雖然「鎖」與「鍊」意思一樣，但是要與「枷」字配合運用，「鎖」比「鍊」更為適合，所以「鍊」改為「鎖」較為妥當。

（5）大奶奶倒忙的緊……賈母和眾人笑的了不得。（2-9）

文中的「的」應該改為「得」，因為「得」是助詞，其用法，依據《現代漢語常用詞用法詞典》說明：

> 用在動詞或形容詞後邊，連接情態補語。[7]

---

7 有關形容詞詞尾及副詞詞尾的說明，已見拙文劉崇義撰：〈高中國文教學一月札記〉，刊於《建中學報》第三期。後收入拙著《國語文教與學論集》（臺北市：萬卷樓圖書公司，1998 年），頁 50。

因此在句子中「忙」是動詞,「得」位於後面,「緊」是補語,來說明「忙」的狀況;「笑」是動詞,「得」位於後面,「了不得」是補語,來說明「笑」的狀況。所以,兩句子中「的」字,改為「得」較為妥當。

（6）他祇在聚精會神的觀賞它的蒼翠的顏色。（2-3）

文中第一個「的」,應改為「地」,因為「聚精會神」是副語,必須接副語語尾,所以第一個「的」,應該改「地」較妥當。

以下 7-9 例句,皆將形容詞詞尾改為副詞詞尾。

（7）一張一張的往下抬……色色的搬了下來……橫三豎四的插了一頭……喜的忙跑過來拉著惜春……眾人都拍手呵呵的大笑……悄悄的囑咐了劉老老一席話……賈母笑的摟著寶玉叫「心肝」……王夫人笑的用手指著鳳姐兒。（2-9）

應該改為:一張一張地往下抬……色色地搬了下來……橫三豎四的插了一頭……喜地忙跑過來拉著惜春……眾人都拍手呵呵地大笑……悄悄地囑咐了劉老老一席話……賈母笑地摟著寶玉叫「心肝」。

（8）他一聲不響的凝視壁上掛的一幅美國地圖。（2-11）

應該改為:他一聲不響地凝視壁上掛的一幅美國地圖。

（9）因此你得嚴格的為己……自然的喚起你童稚的活潑……在靜僻的道上你就會不自主的狂舞。（2-13）

應該改為:因此你得嚴格地為己……自然地喚起你童稚的活……在靜僻的道上你就會不自主地狂舞。

3 原文刪改的不當

（1）與武昌革命之役竝壽。（2-1）

文中的「竝」，在注釋⑧說到：

「竝」同「並」。

實際上，依據中國國民黨黨史會藏原本〈黃花岡烈士事略序〉[8]，原文就是「並」字，因此原文沒有錯，何須改正？又何必注解呢？所以顯見刪改的不當。

（2）予為斯序。（2-1）

文中的「予」，依據中國國民黨黨史會藏原本〈黃花岡烈士事略序〉[9]，原文的「余」。「予」、「余」皆是作第一人稱（我）的意思，原文沒有錯，何須改動呢？顯見刪改的不當。

4 引文不確實

（1）中國名劇牡丹亭中，寫一位教書先生陳最良科舉中了，口裡念道：「先師孔夫子，猶未見周公，老夫陳最良，得見聖天子，豈偶然哉！豈偶然哉！」（2-11）

文中引用陳最良說的話，查考《牡丹亭》第五十一齣作：

前日先生看定狀元試卷，蒙聖旨武偃文修。今其時矣。（淨）正此題請。呀，一箇老秀才走將來。好怪，好怪！（末破衣巾

---

8 黨史會藏原本剪頁 054/53。

9 黨史會藏原本剪頁 054/53。

捧表上）「先師孔夫子，未得見周王。本朝聖天子，得睹我陳
最良。」非小可也。[10]

比較之下，範文的引文看起來，並沒有完全引用原文，增加一些字
句。引文必須忠於原文，不應該加油添醋，否則失去原文的意思，因
此此處的引文不確實。

5 內容欠妥

（1）舉一例來說明罷，我有一次在美國費勒得菲亞城，看一
齣英國文學家君格瓦特爾的歷史名劇，叫做林肯。當林肯被共
和黨推為候選大總統的時候，該黨代表團來見他，並且說明因
為民主黨內部的分裂，共和黨的候選人是一定當選的。他聽到
這到這個消息，沉默半響，方才答應。等代表團走了以後，他
又一聲不響的凝視壁上掛的一幅美國地圖。看了許久，他嚴肅
地獨自跪在地圖前面祈禱。我看完以後，非常感動，回到寄住
的人家來，半夜不能睡覺。心裡想假如一般中國人聽到自己能
當選為大總統的消息，豈不要眉飛色舞，立刻去請客開跳舞會
嗎？中國名劇牡丹亭中，寫一位教書先生陳最良科舉中了，口
裡念道：「先師孔夫子，猶未見周公，老夫陳最良，得見聖天
子，豈偶然哉！豈偶然哉！」於是高興得滿地打滾。但是林肯
知道可以當選大總統的時候，就感覺到國家重大的責任落在他
雙肩上了，這不是一件容易的事，不是一件可快樂的事，凝視
國家的地圖，繼之以跪下來祈禱。這是何等相反的寫照！（2-
11）

10　（明）湯顯祖撰：《牡丹亭》（臺北市：西南書局，1990 年）。

文中舉林肯被選上總統與陳最良考取進士，兩相對比的結果是「這是何等相反的寫照」，這裡所舉的例子值得商榷：第一、一是選總統，一是考進士，所舉的事件不相同；第二、一是林肯，一是陳最良，兩人非同一人。因此所舉的事件不相同，不宜橫比；兩人非同一人，不宜自比。在這種情況，不能橫比、自比之下，可以顯見所舉的例子，不宜對比，所以範文的內容欠妥，值得商榷。[11]

6　選文的出處不當

（1）第十四課諸葛亮所寫的〈出師表〉，據「題解」的說明：

> 本文選自昭明文選，並據三國志諸葛亮傳等校改。

再依據注釋⑭及⑮說明：

> ⑭若無興德之言……此六字，文選無，據三國志蜀志董允傳補。
> ⑮則責攸之褘允等之慢以彰其咎。「則」字據前揭董允傳補；餘十二字，據諸葛傳。

從題解與注釋的說明，可以知道〈出師表〉選自《昭明文選》，並且依據《三國志》的〈諸葛亮傳〉、〈董允傳〉校改的。不過，《三國志》成書比《昭明文選》要早，為什麼不說選自《三國志》呢？再看《三國志》的〈諸葛亮傳〉與範文並沒有差異，範文只有多了「臣亮

---

11 後來看見吾友彭文岐先生在《高中國文全方位講解》2B 也有類似的講法，茲附於此，不敢掠美，頁 99，他說：「陳最良的形象只是湯顯祖為了批判當世讀書人捏造出來的人物，絲毫不具備中國讀書人的「普遍性」，羅家倫卻拿來和美國最偉大的總統相比，實在不倫不類。」彭文岐撰：《高中國文全方位講解》（臺北市：臺芝文化事業公司，1997 年），頁 99。

言」與「不知所云」的「云」與「言」的異文，而且範文還少了「責攸之禕允等之慢以彰其咎」十二字，二者比較孰優孰劣呢？因此選文應選擇較早的版本為優，該範文〈出師表〉，應改為選自《三國志》的〈諸葛亮傳〉較為妥當。

（二）注釋的部分，分為五項：

1 引用脫文

> （1）⑤孔雀東南飛　漢樂府詩名，舊題「古詩，為焦仲卿妻作」。有序云：「漢末建安年間，盧江府小吏焦仲卿妻劉氏，為仲卿母所遣，自誓不嫁，其家逼之，投水而死。仲卿聞之，亦自縊於庭樹。」（2-3）。

文中說「古詩，為焦仲卿妻作。」見於陳代徐陵編的《玉臺新詠》；有詩云也見於《玉臺新詠》，不過有脫文，原序是：

> 漢末建安中，盧江府小吏焦仲卿妻劉氏，為仲卿母所遣，自誓不嫁，其家逼之，乃沒水而死，仲卿聞之，亦自縊于庭樹，時傷之，為詩云爾。[12]

比較之下，注釋脫落「乃」、「時傷之，為詩云爾」以及有異文：「沒水」的「沒」作「投」。引用的文字，最好引用的完整較為妥當，也不應有所改動、刪掉。

12　（陳）徐陵撰：《玉臺新詠》（臺北市：臺灣商務印書館，1968 年），卷 1。

2　解說不完備

（1）⑳曹娥碑　曹娥，東漢上虞孝女。其父盱於順帝漢安二年端午溺死，不得其屍。曹娥時年十四，晝夜沿江號哭，達十七日，亦投江死。又經五日，抱父屍浮出。桓帝元嘉元年，縣令度尚為立碑，邯鄲淳為作誄辭。（2-12）。

文中的描述可以知道是參考《後漢書》的〈孝女曹娥列傳〉，至於內容上有二個疑問：為什麼曹娥的父親會「溺死」？又為什麼曹娥「達十七日，亦投江死」呢？我們可以看到《世說新語》的〈捷悟〉篇劉孝標的注，引用《會稽典錄》曰：

> 孝女曹娥者，上虞人，父盱，能撫節按歌，婆娑樂神。漢安二年，迎伍君神，泝濤而上，為水所淹，不得其屍。娥年十四，號慕思盱，乃投衣于江，祝其父屍曰：『父在此，衣當沈。』旬有七日，衣偶沈。遂自投於江而死。縣長度尚，悲憐其義，命其弟子邯鄲子禮為其作碑。[13]

從《會稽典錄》的說明，就知道曹娥的父親為了迎神不小心溺水；曹娥投衣來尋找父親的屍體，過了十七日衣沈下地方，曹娥才投江。如果注釋時，沒有多方參考資料，可能注釋會有不周全的現象，此例可作證明。

3　解說不明確

（1）⑦舳艫千里　船與船首尾相接，綿延千里之遠。形容船

13　（南朝宋）劉義慶撰，（梁）劉孝標注，吾師楊勇所著：《世說新語校箋》（臺北市：正文書局，1976 年），頁 441。

隻眾多。舳艫，音ㄓㄨˊ　ㄌㄨˊ，長方形的大船；船尾曰舳，船首曰艫。(2-3)。

「舳艫千里」的解釋非常地清楚，不過「舳艫」的解釋就值得商榷，依據東漢許慎的《說文解字》說明：

舳……漢律名船方長為舳艫。[14]

清代段玉裁注解說明：

長當作丈，《史》、《漢貨殖傳》皆曰船長千丈，注者謂總積其丈數，蓋漢時計船以丈，每方丈為一舳艫也。此釋舳艫之謂，二字不分析者也。[15]

依據段玉裁的解釋，「舳艫」二字是合義複詞，「舳艫」是一方丈的大船，並不是長方形的大船。因此，注釋必須多方參考，才能解釋明確。

4　解說不清楚

（1）⑨短歌行　曹操的詩作，一方面感嘆人生無常，借酒澆憂；一方面渴望求取賢才，以成王業。(2-3)。

曹操寫〈短歌行〉，目前存有二首，見於宋代郭茂倩所編的《樂府詩集》，其一曰：

對酒當歌，人生幾何？譬如朝露，去日苦多。慨當以慷，憂思

14　（漢）許慎撰，（清）段玉裁注：《說文解字注》（上海市：上海書店，1992 年），頁 403。

15　（漢）許慎撰，（清）段玉裁注：《說文解字注》，頁 403。

難忘，何以解憂，唯有杜康。青青子衿，悠悠我心。呦呦鹿鳴，食野之苹。我有嘉賓，鼓瑟吹笙。明明如月，何時可輟。憂從中來，不可斷絕。越陌度阡，枉用相存。契闊談讌，心念舊恩。月明星稀，烏鵲南飛。繞樹三匝，何枝可依。山不厭高，海不厭深。周公吐哺，天下歸心。

其二曰：

周西伯昌，懷此聖德。三乃天下，而有其二。脩奉貢獻，臣節不墜。崇侯讒之，是以拘繫。後見赦原，賜之斧鉞，得使征伐。為仲尼所稱：達及德行，猶奉事殷。論敘甚美。齊桓之功，為霸之首，九合諸侯，一匡天下。一匡天下，不以兵車。正而不譎，其德傳稱。孔子所歎，并稱夷吾，民受其恩。賜與廟祚，命無下拜。小白不敢爾，天威在顏咫尺。晉文亦霸，躬奉天王。受賜珪瓚，秬鬯、彤弓、盧弓、矢千，虎賁三百人。威服諸侯，師之者尊，八方聞之，名亞齊桓。河陽之會，詐稱周公。是以其名紛葩。[16]

第一首的主旨，即是注釋解說的；第二首的主旨，是藉著讚揚周西伯「三分天下有其二」仍能服事殷王；讚揚齊桓公、晉文公勢力強大仍能服事周王，表明曹操自己勢力強大也能服事漢帝；說明他沒有篡漢自立的意思。因此注釋說明〈短歌行〉應該介紹二首的大意，而能避免誤解〈短歌行〉只有一首，如此注釋才算比較清楚。

　　（2）⑩動如參與商　往往像參、商二星，永不相見。參、
　　　　商，星宿名。兩星遙望，此出彼沒，永不相遇，此處比喻會面

---

16 （唐）郭茂倩編：《樂府詩集》（北京市：中華書局，1991年），頁447-448。

之難。（2-15）。

文中的解釋，令人疑惑：為什麼「參、商二星，永不相見」呢？為什麼「兩星遙望，此出彼沒，永不相遇」呢？這主要的關鍵在「參」、「商」二星的位置沒有說出來才會產生疑惑。根據《中國傳統天文曆法通書》的說明：

> 二十八宿又分成四個大星區，用動物命名，叫做四象，就是：東與蒼龍，北與玄武，南與朱雀。[17]

而「參」宿在西方，「商」宿（即心宿）在東方，因此，能注解說明，東、西遙隔，當然永不相見、永不相遇。所以該注釋沒有解說清楚。

5 解說不單純

> （1）㊻夫無故而動民……孰與夫一旦之危哉……此為省略之倒裝句，原式應作「夫無故而動民，雖有小恐，然與夫一旦之危，孰優哉？」「孰」字倒裝，「優」字省略。

文中解釋「雖有小恐，然孰與夫一旦之危哉？」的原式應作「夫無故而動民，雖有小恐，然與夫一旦之危，孰優哉？」，稱「雖有小恐，然孰與夫一旦之危哉？」是省略之倒裝句。這裡值得商榷的地方有兩點：第一、「孰與」是固定句式，依據段德森先生說明：

> 「孰與」：固定詞組，「孰與」是「……與……孰……」這種句式變化凝固而成的，常用來表示選擇或比較構成特有的句式。[18]

---

17 黃世平編：《中國傳統天文曆法通書》（長沙市：三環出版社，1991 年），頁 33。
18 段德森編：《實用古漢語虛詞》（太原市：山西教育出版社，1991 年），頁 911。

雖然說「孰與」是從「……與……孰……」變化而來的，但在解釋上
無須還原，可直接翻譯：「此……怎麼樣呢？」所以可以不作原式如
何的說明。第二，「孰與」已是固定句式，並沒有所謂的「省略之倒
裝句」的說法。注釋的說明能用最簡單、明瞭的說明是最好的方法，
如果用冗繁、怪異的說法，徒增困惑。

三　結語

總結上述發現教材疑義的部分有：

（一）範文的部分

一、標點符號的不當。二、用字的不當。三、原文刪改的不當。
四、引文不確實。五、內容欠妥。六、選文的出處不當。

（二）注釋的部分

一、引用脫文。二、解說不完備。三、解說不明確。四、解說不
清楚。五、解說不單純。

我們了解教材是教師教學的依據、學生學習的典範，如果教材發
生了問題，其後果是不堪設想的，誠如吾師王更生先生說過：

> 教材是教師和學生溝通的橋樑，如果教材的編配一旦出了毛
> 病，便直接影響教師和學生的教學效果。[19]

目前正值高中教材開放的前夕，民間的廠商應該以如何編輯更好

19　王更生撰：《國文教學面面觀》（臺北市：國立臺灣師範大學中等教育委員會，1996
　　年），頁 31。

的教材為目標，首先要收集對部編本教材疑義的文章，針對部編本的
缺失進行了解，作為審定本的參考，才能編輯出更好的教材。拙文除
了呈現對部編本的疑義舉例，主要地也就是提供淺見，提供廠商編輯
時一些參考，同時也盼望能出現優於部編本的審定本，是為所願。

——原刊於《建中學報》第四期，一九九八年十二月

參考文獻
（以引用先後為序）

1. 教育部國語推行委員會編　《重訂標點符號手冊》　臺北市　教育部　1987 年

2. 國立編譯館編　《國中國文》　臺北市　教育部　1996 年

3. 李新建、羅新芳、樊鳳珍　《成語和諺語》　鄭州市　大象出版社　1997 年

4. 李憶民主編　《現代漢語常用詞用法詞典》　北京市　北京語言學院　1995 年

5. 劉崇義　《國語文教與學論集》　臺北市　萬卷樓圖書公司　1998 年

6. （明）湯顯祖　《牡丹亭》　臺北市　西南書局　1990 年

7. 彭元岐　《高中國文全方位講解》　臺北市　臺芝文化事業公司　1997 年

8. （陳）徐陵　《玉臺新詠》　臺北市　臺灣商務印書館　1968 年

9. （南朝宋）劉義慶撰　（梁）劉孝標注　楊師勇著　《世說新語校箋》　臺北市　正文書局　1976 年

10. （漢）許慎撰　（清）段玉裁注　《說文解字注》　上海市　上海書店　1992 年

11. （唐）郭茂倩編　《樂府詩集》　北京市　中華書局　1991 年

12. 黃世平編　《中國傳統天文曆法通書》　長沙市　三環出版社

1991 年

13. 段德森編　《實用古漢語虛詞》　太原市　山西教育出版社　1991 年

14. 王師更生　《國文教學面面觀》　臺北市　國立臺灣師範大學中等教育輔導委員會　1996 年

高中國文第三、四冊教材疑義舉例

一　前言

　　筆者在上學年教完二年級的課程，仍然發現部編本的教材不少問題，茲將整理疑義的部分，陳述於後，供方家指正為荷！

二　教材疑義的說明

　　依據國立編譯館主編高文第三、四冊，是民國八十八年八月改編五版、民國八十九年一月改編五版。發現教材疑義的範文：

　　第三冊如下：一、蘇轍的〈黃州快哉亭記〉（以下引作 3-1），二、宋濂的〈秦士錄〉（以下引作 3-2），三、王鼎鈞的〈失樓臺〉（以下下引作 3-3），四、左傳的〈燭之武退秦師〉（以下作 3-4），五、柳宗元的〈段太尉逸事狀〉（以下引作 3-5），六、李密的〈陳情表〉（以下引作 3-6），七、吳敬梓的〈范進中舉〉（以下引作 3-7），八、屈原的〈國殤〉（以下引作 38），九、呂氏春秋的〈察今〉（以下引作 3-9），十、楊牧的〈山谷記載〉（以下引作 3-10），十一、錢公輔的〈義田記〉（以下引作 3-11），十二、李白的〈登金陵鳳凰臺〉（以下引作 3-12）。

　　第四冊如下：一、連橫的〈臺灣通史序〉（以下引作 4-1），二、蘇軾的〈留侯論〉（以下引作 4-2），三、洪醒夫的〈散戲〉（以下引作

4-3），四、蘇洵的〈六國論〉（以下引作 4-4），五、白居易的〈琵琶行并序〉（以下引作 4-5），六、《戰國策》的〈馮諼客孟嘗君〉（以下引作 4-6），七、林文月的〈蒼蠅與我〉（以下引作 4-7），八、韓愈的〈祭十二郎文〉（以下引作 4-8），九、王安石的〈夜褒禪山記〉（以下引作 4-9），十、羅貫中的〈用奇謀孔明借箭〉（以下引作 4-10），十一、曹丕的〈典論論文〉（以下引作 4-11），十二、李煜的〈清平樂〉（以下引作 4-12）。

筆者綜合第三、四冊提出疑義，共分為三大類，依序如下：

（一）題解的部分，只有一項

1　宜詳考作品的年代

> （1）（清平樂）此詞係李煜於南唐國破，被俘入宋時所作，即景生情，充無限離恨。（4-12）

李煜寫〈清平樂〉的時間，教科書認為是在南唐滅亡，被俘入宋的時候。南唐滅亡的時間，應在宋太祖開寶八年（西元 975 年）十一月。換言之，該詞完成於開寶八年十一月以後。不過，教科書認定在開寶八年十一月，並沒有什麼證據，因此有必要對語詞詳加考查一番來確定完成的時間。首先看詞的下闋「雁來音信無憑」，運用了「雁足傳書」的典故。「雁足傳書」是說漢代蘇武出使匈奴，被扣留；到北海牧羊，後來藉鴻雁繫書信，終於漢昭帝派大使接了回來，依據《漢書·蘇武傳》記載說：

> 昭帝即位。數年，匈奴與漢和親。漢求武等，匈奴詭言武死。後漢使復至匈奴，常惠請其守者與俱，得夜見漢使，具自陳道。教使者謂單于，言天子射上林中，得雁，足有繫帛書，言

武等在某澤中。使者大喜，如惠語以讓單于。單于視左右而驚，謝漢使曰：「武等實在。」[1]

李煜運用「雁足傳書」的典故，是有原因的，因為他的弟從善，被宋太祖扣留未能回來，所以藉此典故，暗示宋朝扣留從善，猶如匈奴當年扣留蘇武一樣，背信棄信，實為可惡。而依據宋代馬令記載說：

（開寶）四年（西元 971 年）……夏四月，遣弟韓王從善入朝，留于京師，授泰寧軍節度使。國主表求從善還國，不許，自從善不還，四時宴會皆罷，登高賦文以見意曰：「厚有鴿兮相從飛，嗟嗟季兮不來歸。」常怏怏以國慼為憂。[2]

以及宋代陸游記載說：

開寶四年冬十月國主聞太祖滅南漢，屯兵冷漢陽，大懼，遣太尉中書令鄭王從善朝貢，稱江南國之請罷……甲戌歲（即開寶七年）秋國主上表求從善歸國不許。[3]

因此，在開寶四年從善被扣留，李煜必會為從善擔心，至開寶七年秋天李煜求宋太祖放回從善，被拒絕，李煜更會為從善憂心，思念之情可想而見，從詞頭「別來春半」理解，可能的時間在開寶八年的春天。開寶八年十一月南唐被滅，開寶九年元月李煜被還汴京。為什麼不說開寶九年的春天，因為南唐國亡，李煜自身難保，那有時間再為從善擔憂呢？所以該詞較可靠的時間應在開寶八年的春天完成的。而教科書說「被俘入宋時所作」值得商榷。

1　（漢）班固撰：《漢書》（臺北市：泰順書局，1977 年），卷，頁 2466。

2　（宋）馬令撰：《南唐書》（臺北市，臺灣商務印書館，1981 年），頁 24。

3　（宋）馬令撰：《南唐書》（臺北市，臺灣商務印書館，1981 年），頁 16-17。

（二）範文的部分，分為三項

1　標點符號的不當

（1）宋玉曰：「此獨大王之雄風耳！庶人安得共之！」（3-1）

句中「庶人安得共之！」是反詰問句，依據楚永安先生解釋說：

（安得）一般用於動詞之前，與句末的語氣詞「乎」字等相配合，組成反詰句，對某種事情實現的可能性加以否定或肯定。[4]

既是反詰問句，依照《重訂標點符號手冊》說：

問號……用在疑問句之緞……三、反問。[5]

因此，「庶人安得共之」句末標點符號，應使用「？」較為妥當。

（2）汝將何以視天地，尚不愧奴隸耶？（3-5）

句中「汝將何以視天地」是疑問句，依據楚永安先生解釋說：

（何以）一般用來詢問行為的依據或方法，或者表示反問，相當於「用什麼」、「怎麼」。[6]

詢問句屬於疑問句，因此「汝將以視天地」句末的標點符號應使用「？」較妥當。

（3）豈敢盤桓，有所希冀！（3-6）

4　楚永安撰：《文言複式虛詞》（北京市，中國人民大學，1986 年），頁 1、129-130。

5　教育部國語推行委員會編：《重訂標點符號手冊》（臺北市，教育部，1987 年），頁 20、3-4。

6　楚永安撰：《文言複式虛詞》，頁 1、129-130。

句中「豈敢盤桓」是反詰句，依據《古代漢語虛詞詞典》解說：

> 「豈」用於助動詞「得」、「敢」、「可」、「能」、「足」前，具有更明顯的反詰語氣。[7]

因此，「豈敢盤桓」句末的標點應該使用「？」較妥當。

（4）然亦安知其非秦之世，有隱君者出而試之。（4-2）

句中「然亦安知其非秦之世有隱君者出而試之」是反詰句，依據段德森先生解說：

> （安）表示反詰，作狀語，可譯為「怎麼」、「哪裡」，用在動詞前。[8]

因此，語句在句末的標點符號，應使用「？」較妥當。

（5）夫然，則古人賤尺璧而重寸陰，懼乎時之過已。（4-11）

句中「然則」作承接的連詞，依據段德森先生解說：

> 「然則」是「既然如此，那麼」的意思。「然」承接上文，「則」表示推斷，用來表示事理的承接，在上古時期，大多用於對話，接著對方的語言，加以申說，後來也常用於成段的論說中。[9]

「然則」在理解上，其間須停頓，但是「然則」已經結合成固定的詞

---

7 中國社會科學院語言研究所古代漢語研究室編：《古代漢語虛詞詞典》（北京市：商務印書館，1999 年），頁 411。

8 段德森編：《實用古漢語虛詞》（太原市：山西教育出版社，1991 年），頁 335、1008。

9 段德森編：《實用古漢語虛詞》，頁 335、1008。

語，因此，其間不宜添加標點符號，教科書添加「，」，顯然不太合適的。

（6）我換了好幾種車才到了那個山谷，熟悉的植物界，無非都是童年的記憶……（3-10）

句中「我換了好幾種車才到了那個山谷」，該句與下面的句子顯然無關，因此語義完足，標點符號應使用「。」，依據《重訂標點符號手冊》解說：

（句號）用在直述式文意已完足的句子。[10]

所以教科書使用「，」，值得商榷。

（7）其下平曠，有泉側出，而記遊者甚眾。所謂前洞也。由山以上五、六里，有穴窈然，入之甚寒，問其深，則其好遊者不能窮也，謂之後洞。（4-9）

該段是介紹褒禪山的前洞或後洞，但是介紹前洞的情形，句義是完整的，不能中斷，因此在「所謂前洞也」前面的標點符號應使用「，」，依據《重訂標點符號手冊》解說：

（逗號）用來分開句內各語或表示語氣的停頓。[11]

所以教科書使用「。」，值得商榷。

（8）瑜曰：「……此係公事，先生幸勿推卻。」（4-10）

---

10 教育部國語推行委員會編：《重訂標點符號手冊》，頁20、3-4。
11 教育部國語推行委員會編：《重訂標點符號手冊》，頁20、3-4。

句中「先生幸勿推卻」的「先生」是稱呼語，指孔明。對話時稱呼對方，含有提醒的意味，與下文的話語無相關，因此須加以隔開；如果沒有加以區隔，會造成文義不清楚。但是在《重訂標點符號手冊》內，並沒有規範此類的情形，不過暫時在「先生」後面使用標點符號「，」加以區隔，較為妥當。

（9）弼造書數千言袖謁之（3-2）

該句應分為兩句——「弼造書數千言」、「袖謁之」。文義清楚明白，若合在一起「弼造書數千言袖謁之」，文義不清楚，因此教科書宜在「袖謁之」前面，加上標點符號「，」較為理想。

2　用字不當

（1）艱難的支撐著別人不能分擔的重量……水煙呼嚕呼嚕的響……日子就這樣一天天的過去……輕輕的把木棒抽出來……他是在夜深人靜的時候悄悄的蹲下來……他衹是非常果斷而又自愛的改變了自己的姿勢……搖搖擺擺的離開了家。（3-3）

該段中「艱難的」、「呼嚕呼嚕的」、「一天天的」、「輕輕的」、「悄悄的」、「自愛的」、「搖搖擺擺的」等詞皆作副語，而副語的詞尾是「地」，因此這些「的」應改為「地」較為妥當。

以下相同的句子有 2-4 例：

（2）我輕易的斷定那是袖子花香……而我看起來只是一個不期然的撞入者。（3-10）

（3）才看到秦香蓮帶著四個孩子悠哉悠哉的晃回來……喜孜孜的邊走邊玩……而輕描淡寫的跟她打招呼……其他人都吃驚

的圍攏過來……大家七嘴八舌的勸……卻賣力的講個不停……他慈祥的拍著秀潔的肩膀說……在急速的擴張著……金發伯突然奇怪的、異常的大笑起來。（4-3）

（4）慢慢的，好奇心取代了憎惡……我和蒼蠅一樣的累。（4-7）

以上的「的」皆應改為「地」較妥當。

（5）天色漸自黯了。（4-3）

句中的「漸」宜改為「漸次」，因為形容「天色」緩慢，逐漸地黯了，使用「漸次」比「漸自」更為恰當。所以教科書「漸自」改為「漸次」較妥當。

（6）才看到秦香蓮帶著四個孩子悠哉悠哉的晃回來（4-3）

句中「悠哉悠哉」如果視為成語使用，那麼應改為「優哉遊哉」。「優哉遊哉」成語，出自《詩經・小雅・采菽》：「優哉遊哉，亦是戾至。」以及《左傳，襄公二十一年》：「優哉遊哉，聊以卒歲。」使用成語時，應保持原來典故的面貌，不宜更改，或用同音字代替，因此教科書的「悠哉悠哉」，應改為「優哉遊哉」較妥當。

（7）牠就消聲匿跡。（4-7）

句中「消聲匿跡」是成語，其中「消」宜改為「銷」。有關「消聲匿跡」成語，依據劉潔修論著《漢語成語考釋詞典》記載不同字寫法有：「劖跡埋聲」、「鏟跡銷聲」、「遁跡銷聲」、「滅影銷聲」、「銷聲滅跡」、「銷聲晦跡」、「銷聲斂跡」、「潛聲匿跡」、「聲銷跡滅」等，並且說到：

> 後世多作「銷聲匿跡」……又作「匿跡銷聲」。[12]

因此，以「銷聲」為多，所以後世才使用較多。因此教科書的「消聲
匿跡」的「消」，應改為「銷」較妥當。

> （8）而後將其置諸死地。（4-7）

句中「置諸死地」是成語，其中「諸」宜改為「之」。「置之死地」成
語，見於宋代蘇舜欽〈答韓持國書〉云：「更欲寘（置的異體字）之
死地然後為快」[13]，後代使用「置之死地」其中的「之」，沒有看到是
「諸」的，因此，教科書的「置諸死地」的「諸」，應改為「之」較
妥當。

3　應增注說明

> （1）天子以生人付公理。（3-5）

句中「生人」，應改為「生民」。這是避唐太宗（李世民）的諱，
「民」改為「人」。在第五冊第六課魏徵的〈諫太宗十思疏〉一文，
其「怨不在大，可畏惟人」的「人」，注釋十三解釋：「人　民。唐代
避太宗李世民的名諱，凡用『民』字的地方都改用『人』。」既然兩
處皆有相同避諱的地方，一在第三冊，一在第五冊，為什麼不在第三
冊的地方增注說明，卻在第五冊的地方增注說明呢？因此，有必要注
解，應該在前面注解，不宜在後面注解。所以，此處教科書應注解說
明避諱的事，第五冊就可不必注解了。

12　劉潔修編：《漢語成語考釋詞典》（北京市：商務印書館，1995 年），頁 1221。

13　（宋）蘇舜欽撰：《蘇學士文集》（上海市：上海商務印書館，1936 年），卷 10，頁
　　1。

（三）注解的部分，分為四項

1 引用資料有誤

（1）①「鳳凰臺」相傳南朝宋文帝元嘉十四年（西元四三六年），有三隻鳳凰飛集秣陵（今南京市）永昌里，後人在此建臺，因稱鳳凰臺。（3-12）

有關於「鳳凰臺」的傳說有三：

一是《宋書・符瑞志》中記載：

> 文帝元嘉十四年三月丙申，大鳥二集秣陵民王顗園中李樹上，大如孔雀，頭足小高，毛羽鮮明，文彩五色，聲音諧從，眾鳥如山雞者隨之，如行三十步頃，東南飛去。揚州刺史彭城王義康以聞，改鳥所集永昌里為鳳凰里。[14]

二是，樂史著《太平寰宇記》卷十九記載：

> 江南東道升州江寧縣：鳳凰山在縣北一里，宋元嘉十六年有三鳥翔集此山，狀如孔雀，文彩五色，音聲諧和，眾鳥群集，仍置鳳凰里，起臺于山，號鳳臺山。[15]

三是，張敦頤著《六朝事跡》卷六記載：

> 鳳臺山，宋元嘉中鳳凰集於是山，乃築於山椒以旌嘉瑞，在府城西南二里，今保寧寺是也。[16]

---

14 高步瀛選注：《唐宋詩舉要》（臺北市，洪業出版社，1973 年），卷 5，頁 554。
15 高步瀛選注：《唐宋詩舉要》，卷 5，頁 554。
16 高步瀛選注：《唐宋詩舉要》，卷 5，頁 554。

傳說有異，如果要決定採用某種說法，就必須如實說明，不可集合各家說法綜合說明。例如，採用第一種說法，時間是元嘉十四年，有二隻大鳥，並未建臺。採用第二種說法，時間是元嘉十六年，有三隻大鳥，並建臺。採用第三種說法，時間是元嘉中，有鳳凰、築臺。反觀教科書，時間採用第一種說法，有三隻鳳凰是採用第二種說法，建臺是採用第二、三種說法。試問教科書是採用何種說法呢？很明顯教科書引用資料有誤，值得商榷。

2 解說不夠完備

（1）⑥⑥青衫　古代職位卑微者所穿的青色官服。（4-5）

白居易所寫〈琵琶行并序〉末尾「江州司馬青衫濕」，白居易擔任江州司馬是五品[17]，依據《唐會要》記載，太宗貞觀四年八月十四日詔：

> 三品已上服紫，四品五品已上服緋，六品七品以綠，八品九品以青。[18]

依照禮制白居易五品應服緋色，為什麼會服八、九品官的青色？就此點注解沒有說明，顯然不夠完備。《教師手冊》補充說明：

> 唐時八品、九品文官的服色。這時白居易以文散官將仕郎任江州司馬，從九品，所以著青衫。[19]

---

17 （唐）白居易撰：《白居易集・與元九書》（北京市：中華書局，1991 年）：「今雖謫佐遠郡，而官品至第五，月俸四五萬」。

18 （宋）王溥撰撰：《唐會要》（上海市：上海商務印書館，1937 年），卷 31，頁 569。

19 國立編譯館主編：《高中國文教師手冊》（臺北市：國立編譯館，1998 年），第 4 冊，頁 129。

但是仍嫌不足。例如唐代「散官」、「將仕郎」與服色有什麼關係沒有交代清楚。不妨作如下的說明：在唐代的官職有所謂的「散官」和「職事官」之分。「散官」是官員的級別，「職事官」是實際擔任的官職。官員穿官服，不是按他實際擔任官職的品級，而是按他散官的級別。而白居易的散官是「將仕郎」[20]，官階屬九品，因此白居易應穿青衫。明白以上的解說，教科書的注解顯然不夠完備，值得商榷。

（2）㊹兆　墓地。（4-8）

翻遍字典，「兆」找不出有墓地的解釋，原來，「兆」是「垗」的假借字。依據《左傳・哀公二年》記載：

> 若真有罪，絞縊以戮……無入於兆。

杜預注解：

> 兆，葬域。[21]

《爾雅・釋言》記載：

> 兆，域也。

郭璞注：「謂塋界」，郝懿行疏：「兆者，垗之假借也。」[22]因此在《廣雅・釋邱》卷九下記載：

20　（唐）白居易撰：《白居易集・祭廬山文・祭匡山文》，皆自稱「將仕郎守江州司馬白居易」。

21　（晉）杜預注撰：（唐）孔穎達疏：《左傳注疏》（臺北市：東昇出版事業公司，出版年月），頁247。

22　（清）郝懿行撰：《爾雅義疏》，頁247。

兆，葬地也……宅、兆、塋、域，葬地也。[23]

所以「兆」是「垗」的假借字，「垗」的意思是墓地。如果能補充說明「兆」是「垗」的假借字，如此的注解比較完備。

3　不必要解說可刪除

（1）㊄已　助詞。一作「己」。（4-11）

原句是「懼乎時之過已」，「已」作句末助詞，表示完成的語氣，因此很明顯地看出來「已」在句末的位置，必是助詞，而注釋提到「已」一作「己」。「己」無法作助詞解，顯然不適合該句的解釋，如果版本上有異字，在解釋上可以說得通，不妨列舉出來，但是造成解釋上有問題，還是不要列出較為妥適。

4　解說不當

（1）⑪為晉君賜　有恩惠於晉君。（3-4）

「為晉君賜」是雙賓語句，依據丁貞蘗先生解說：

> 當「為」具有「賜予」、「給予」義時，可以帶雙賓語……「為」的近賓語是「晉君」，遠賓語是「賜」（作名詞用，當「恩惠」講）。[24]

因此，該句的解釋是：賜給晉君恩惠。這樣的解釋，可以看出原句是

23　（清）王念孫疏證：《廣雅疏證》（東京都，中文出版社，1981 年），頁 289。

24　丁貞蘗撰：〈古漢語「動十之十名」式的結構分析〉，收入在《第二屆國際古漢語語法研討會論文選編・古漢語語法論集》（北京市，語法出版社，1998 年），頁 412。

雙賓語句，而教科書的解釋「有恩惠於晉君」改變了原句的句型，語
譯能照原有的句型，比較妥當，因此，教科書的解說不恰當。

（2）⑦為之駕　為其備車馬。駕，動詞，準備車馬。(4-6)

「為之駕」也是雙賓語句，「之」指馮諼，是間接賓語，「駕」是直接
賓語，因此翻譯是：賜給馮諼車馬。教科書的解釋不當外，注解
「駕」作動詞，也不適合，應為名詞解。

（3）⑳老躄者　年老而腿腳有毛病的人。躄，音ㄅㄧˋ，跛
腳。(3-5)

躄，是腿腳有毛病，但是與「跛」有分別的。依據王鳳陽先生解釋
說：

> 跛……指偏向一邊。一條腿或一隻腳有毛病，走路時身體總偏
> 向一邊叫「跛」，《釋文》「跛，廢也」，《說文繫傳》「跛，行不
> 正也。」……「跛」是一條腿有毛病或殘廢，身體向一邊……
> 「躄」，亦作「躃」，《說文》「人不能行也」，《釋文》「兩足不
> 能行也」，所謂「兩足不能行」包括兩腿廢不能行走，也包括
> 兩腿都有毛病，不利於行走，像嚴重的羅圈腿之類。《淮南
> 山・說林》「躄者見虎而不走，非勇，勢不便也」，《禮記・王
> 制》「瘖、聾、跛、躄、斷者、侏儒、百工，各以其器食之」；
> 這裡的「躄者」都指的是兩足不能走的殘廢人。《史記・平原
> 君虞卿列傳》「民家有躄者，盤散行汲」，柳宗元《天對》
> 「（禹）胝身躄步，……厥十有三載，乃蓋考躄」。這裡「躄」
> 都是兩腿蹣跚而行的意思。[25]

25　王鳳陽撰：《古辭辨》（長春市：吉林文史出版社，1993 年），頁 801-802。

因此，「躄」與「跛」皆是腿腳有毛病的人，但是其間的差異在於「躄」是兩腿，而「跛」是一腿。教科書解釋「老躄」說：年老而腿腳有毛病的人。是沒有問題，但是解釋「躄」說：跛腳。就值得商榷。

（4）②夙遭閔凶　此指父死母去。夙，早的意思。閔凶，憂患凶禍。（3-6）

「夙遭閔凶」的「夙」、「閔凶」的解釋沒問題，問題出在語句的解釋。該句的解釋是：早年（幼年）遭父死母去的不幸。教科書只說「此指父死母去」，而這個解釋應該就是指「閔凶」而言，即是指「生孩六月，慈父見背。行年四歲，舅奪母志。」因此，語句的解釋只解釋單詞，並沒有解釋全句，值得商榷。

（5）⑦左驂殪兮右刃傷　左驂馬死了，右驂馬也被刀所傷。（3-8）

語句是互文，應理解作：左驂、右驂殪兮，左驂、右驂刃傷。依據明代汪瑗解說：

　　互文也。言左右驂騑皆為敵人兵刃所傷而死也。[26]

由於左驂的馬並非是死，右驂的馬也並非是傷；死、傷難免，因此只有理解作互文，較為合理。教科書的解釋值得商榷。

（6）⑯調　與上句味字互文，調、味，味道也。（3-9）

該句是「而知一鑊之味，一鼎之調也」，依據教科書的注解，以調、味同義來看，語句是屬於錯綜的「抽換詞面」，根據陳望道先生解說：

26　（明）汪瑗撰：《楚辭集解》（北京市：北京古籍出版社，1996 年），頁 142。

抽換詞面是將詞面略抽動使得說話前後不同。[27]

是可以肯定該句是使用錯綜中「抽換詞面」的修辭技巧，而教科書卻說是互文，值得商榷。

（7）時其出納　適時收付財物（3-11）

該句的翻譯有問題，依據解釋可以推知：「時」是適時的意思，作副語；「其出納」是收付財物的意思。而「其出納」是主從結構作賓語，而不是動賓結構，因此，「時」是作述語，「其出納」作賓語。「時」即是「司」的假借字，依照朱駿聲解說：

時，假借為司。[28]

又《廣雅．釋詁三》說：

司，主也。[29]

也就是說，司，是掌管、主持的意思。「其出納」是業務的支出、收入。因此，「時其出納」意思是：掌管業務的支出、收入。所以教科書的解釋有待商榷。

（8）(55)實式憑之　實依託於止。式、憑，均依託之意。之，指示代名詞，代上文「婆娑之洋，美麗之島」。（4-1）

教科書解釋「式」、「憑」均「依託」的思，顯然皆視為動詞。不過「式」作副詞較妥當。依據《古代漢語虛詞詞典》解釋說：

27 陳望道著撰：《修辭學發凡》（上海市：上海教育出版社，1984年），頁207。
28 （清）朱駿聲撰：《文通訓定聲．頤部》（臺北市：洪業出版社，1974年），頁125。
29 （清）王念孫撰：《廣雅疏證》，卷3下，頁96。

（式）用於動詞或謂語前，作狀語，表示較委婉的勸令、勸勉、勸戒之義。既可用於上對下的勸令，也可用於下對上或朋友之間的勸勉、規勸。可譯為「應」、「當」、「應當」等，或根據文義靈活譯出。[30]

因此，「實式憑之」的「實」、「式」均作副詞，「憑」作動詞，「之」作賓語，整句的解釋作：實際上應該依託這（婆娑之洋，美麗之島）。而教科書的解說值得商榷。

（9）㊴此其所以為子房歟　這大概就是張子房所以成為張子房的原因吧。……其，測度語氣詞，相當於「大概」、「恐怕」。（4-2）

教科書解釋「其」是測度語氣詞作副詞，在「此其所以為子房歟」句子中，後面應接上動詞，但是沒有，因此可判斷這種解釋是有問題的。該句是判斷整句，「此」作主語，「其所以為子房歟」是主從結構作斷語，「其」即是「彼」加上「之」；「所以」作副語，表示動作行為產生的原因；「為」作動詞，「子房」作賓語，「歟」作句末助詞，表示推測的語氣。整句的解釋如同教科書，但是教科書解釋「其」的詞性，值得商榷。

（10）⑫以地事秦四句　指用地去侍奉秦國，如同抱著柴薪去救火，只有自促滅亡，於事無補。（4-4）

原句是「以地事秦，猶抱薪救火，薪不盡，火不滅。」其中「抱薪救火」的解釋有問題。教科書解釋：抱著柴薪去救火。把「抱」解釋抱，值得商榷。「抱」是「拋」的假借字，兩字上古音分屬並母、滂

---

30 中國社會科學院語言研究所古代漢語研究室編：《古漢語虛詞詞典》，頁 512。

母，皆屬幽韻。例如《史記・三代世表》云：「姜嫄生后稷，抱之山中，山者養之。」其中「抱」即「拋」。教科書把「救」解釋救，也值得商榷。「救」，依據《說文解字》云「救，止也。」「救」的本義是「止」。例如《論語・八佾》云：「女弗能救與」，其中「救」即「止」。因此「抱薪救火」即是「拋薪止火」。另外從文義上了解，「以地事秦」是根本行不通的方法，所以才用比擬的方式說明，要救火當然要從源頭救起，務必拋盡可燃的薪木，火沒有可燃的東西自然而然就會熄滅，如果薪木沒有拋盡，還有薪木在，火當然就不會熄滅。因此，從文義上理解，「拋薪止火」較為妥當。教科書的解釋，值得商榷。

（11）(57)去來　即「去」之意，「來」為語助詞。（4-5）

「去來」解釋「去」，顯然把「去來」視為「偏義複詞（或複詞偏義）」，依據周生亞先生解釋說：

> 所謂複詞偏義，是指這樣一種詞義現象：由兩個意義相近或相反的詞素組成一種合成詞，而這種合成詞的意義只偏重於其一個詞素上，另一個詞只起陪襯作用。[31]

「去來」既然視為偏義複詞，只取其中一個詞素（去）的意義，雖然另一個詞素（來）的意義視為陪襯，而「去來」即視為「詞」，就不能分開「去」、「來」詞素說是什麼詞，它是一個合成詞，是一獨立的詞，不容許分開講，因此教科書解釋「來」為語助詞，值得商榷。

（12）⑪上有三兄　愈長兄名會，次兄名介，三兄名不詳。（4-8）

---

31 周生亞撰：《古籍閱讀基礎》（北京市：中國人民大學出版社，1996 年），頁 94。

原句是「吾上有三兄，皆不幸早世」，依據教科書的解釋，「吾」作第一人稱單數；同時「吾上有三兄」與前文「季父愈」合起來看，教科書的解釋看來很合情合理。不過「季」不一定指排行第四，當兄弟三人排行，「季」就是指最小，依據袁庭棟先生解釋說：

> 魯「莊公有三弟，長曰慶父（即共仲），次曰叔牙，次曰季友」（《史記·魯世公世家》）。這裡，也正是以仲、叔、季（魯莊公最長，自當是伯）表兄弟排行順序。這三兄弟之後人以仲、叔、季為氏，就是有名的仲孫氏（又孟孫氏）、叔孫氏、季孫氏，又稱孟氏、叔氏、季氏，就是後來歷史上有名的瓜分公室的「三桓」。[32]

可見「季父」不一定解釋父親的第四位弟弟，但可以解釋父親最小的弟弟，因此，「吾上有三兄」就不必強求解釋韓愈有三位親兄長；同時，看下文「承先人後者，在孫惟汝，在子惟吾；兩世一身，形單影隻。」可見韓愈與老成二人在談他們叔侄兩代以及本身的事情，因此可以推測「吾上有三兄」的「三兄」，包括韓愈的兄長以及老成的兄弟（百川），如果這個推測成立，那麼「吾上有三兄」就是指韓愈的長兄會、次兄介，以及老成的長兄百川。而教科書的說法，值得商榷。

（13）㊱死而有知其幾何離　謂死後如有知覺，則離別之日無。意指不久當相聚於九泉。而，若。其幾何離，即「其離幾何」的倒裝句。其猶「則」。（4-8）

其中「其幾何離」的解釋，依據教科書的說法：是「其離幾何」的倒裝句，「其」作「則」。這個說法有問題，既然「其」作「則」是連

32　袁庭棟撰：《古人稱謂》（成都市：四川教育出版社，1994 年），頁 68-69。

詞，「離幾何」的「離」作主語，「幾何」作表語，「幾何」的用法，依據楚永安先生的解釋說：

> 「幾何」作謂語，一般是詢問時間的長短或數量的多少。[33]

因此「離幾何」的解釋是：分開的時間有多少呢？而從文章觀察作者韓愈「雖然，吾自今年來，蒼蒼者或化而為白矣，動搖或脫而落矣」已經感覺自己身體衰老將不久人世，何須再詢問呢？因此，「離幾何」的說法不合適，那麼更沒有理由倒裝成「幾何離」了。合理的解釋，「幾何離」並沒有倒裝，該句「離」作述語，「幾何」作副語，表示反詰語氣，依據楚永安先生解釋說：

> 「幾何」作狀語，一般是用反問的形式表示某種情況很少出現或某種事情很快發生。[34]

因此「幾何離」的解釋是：能有多久分開呢？意思是很快相聚於九泉。這樣的解釋也符合韓愈已知年老，發出的感慨。所以教科書說「其幾何離」是「其離幾何」的倒裝，以及語句句末使用「。」，這些都值得商榷。

三　結語

綜合上述發現高中第三、四冊教材疑義的部分有三大項：

（一）題解的部分

1.宜詳考作品的年代。

33　楚永安撰：《文言複式虛詞》，頁 158-159。
34　楚永安撰：《文言複式虛詞》，頁 158-159。

（二）範文的部分

1.標點符號的不當。2.用字不當。3.應增注說明。

（三）注解的部分

1.引用資料有誤。2.解說不夠完備。3.不必要的解說可刪除。4. 解說不當。

筆者在前面對高中第一冊、第二冊教材疑義舉例時，曾提出「民間的廠商應該以如何編輯更好的教材為目標，首先要做收集對部編本教材疑的文章，針對部編本的缺失進行了解，作為審定本的參考，才能編出更好的教材。」[35]，然而到目前我們看到許多的民間高中教材，依然發現，他們選用部編本的文章，可說完全照抄，幾乎沒有什麼更動，對於其中存在的疑義問題，是不知道呢？還是認為不存在呢？都是值得作深思檢討。

如果對疑義的問題，是不知道，那就表示在編輯教材前並沒有作收集該教材相關的資料；如果對疑義的問題，認為不存在的話，那就應針對疑義的教材，不妨作適度澄清說明。前者的作法是不可取的，後者的作法是負責的。當我們選擇教材時，後者的教科書應該是受到肯定的。

筆者不揣淺陋、野人獻曝，繼續對部編本的教材提出疑義，希望能拋磚引玉，為我們將來理想的教材，盡一份心意！

——原刊於《建中學報》，第六期，二〇〇〇年十二月

---

35 《建中學報》第 4 期（1998 年），頁 84-85。

參考文獻
（以引用先後為序）

1.（漢）班固　《漢書》　臺北市　泰順書局　1977 年

2.（宋）馬令　《南唐書》　臺北市　臺灣商務印書館　1981 年

3.（宋）陸游　《南唐書》　臺北市　臺灣商務印書館　1981 年

4. 楚永安　《文言複式虛詞》　北京市　中國人民大學　1986 年

5. 教育部國語推行委員會編　《重訂標點符號手冊》　臺北市　教育部　1987 年

6. 中國社會科學院語言研究所古代漢語研究室編　《古代漢語虛詞詞典》　北京市　商務印書館　1999 年

7. 段德森編　《實用古漢語虛詞》　太原市　山西教育出版社　1991 年

8. 劉潔修編　《漢語成語考釋詞典》　北京市　商務印書館　1995 年

9.（宋）蘇舜欽　《蘇學士文集》　上海市　上海商務印書館　1936 年

10. 高步瀛選注　《唐宋詩舉要》　臺北市　洪業出版社　1973 年

11.（唐）白居易　《白居易集》　北京市　中華書局　1991 年

12.（宋）王溥撰　《唐會要》　上海市　上海商務印書館　1937 年

13. 國立編譯館主編　《高級中學國文教師手冊》第四冊　臺北市　國立編譯館　1998 年

14.（晉）杜預注　（唐）孔穎達疏　《左傳注疏》　東昇出版事業公司

15. （清）王念孫疏證　《廣雅疏證》　東京市　中文出版社　1981 年

16. 郭錫良主編　《第二屆國際古漢語語法研討會論文選編・古漢語語法論集》　北京市　語文出版社　1998 年

17. 王鳳陽　《古辭辨》　長春市　吉林文史出版社　1993 年

18. （明）汪瑗　《楚辭集解》　北京市　北京古籍出版社　1996 年

19. 陳望道著　《修辭學發凡》　上海市　上海教育出版社　1984 年

20. （清）朱駿聲　《說文通訓定聲》　臺北市　洪業出版社　1974 年

21. 周生亞著　《古籍閱讀基礎》　北京市　中國人民大學出版社　1996 年

22. 袁庭棟　《古人稱謂》　成都市　四川教育出版社　1994 年

23. 建國中學　《建中學報》　第四期　臺北市　建國中學　1998 年

高中國文第五、六冊教材疑義舉例

一　前言

　　民國九十年六月底，隨著八十九學年度第二學期課程的結束，國立編譯館主編的高中教科書走入了歷史。所謂的「部編本」，從九十學年度完全被「審定本」所取代。筆者有幸教完最後一屆使用「部編本」的教材，隨即提出高中第五、六冊教材疑義的部分，敬請大家指正為荷！

二　教材疑義的說明

　　依據的教材是國立編譯館主編高中國文第五、六冊，分別是民國八十九年八月改編五版、九十年一月改編五版。發現教材疑義的範文如下：

　　第五冊：二、文天祥的〈正氣歌並序〉（以下引作 5-2），三、蘇軾的〈赤壁賦〉（以下引作 5-3），四、施耐庵的〈魯智深大鬧桃花村〉（以下引作 5-4），五、歐陽修的〈醉翁亭記〉（以下引作 5-5），六、魏徵的〈諫太宗十思疏〉（以下引作 5-6），八、劉勰的〈情采〉（以下引作 5-8），九、詩經的〈蓼莪〉（以下引作 5-9），十、陳列的〈八通關種種〉（以下引作 5-10），十一、酈道元的〈水經·江水注〉（以下引作 5-11），十二、左傳的〈宮之奇諫假道〉（以下引作 5-12），十

三、莊子的〈莊子寓言選〉（以下引作 5-13），十四、王守仁的〈訓蒙大意〉（以下引作 5-14），〈散曲選（二）〉（以下引作 5-16）。

第六冊：二、杜光庭的〈虯髯客傳〉（以下引作 6-2），三、荀子的〈勸學〉（以下引作 6-3），六、梁實秋的〈舊〉（以下引作 6-6），七、賈誼的〈過秦論〉（以下引作 6-7），十、司馬遷的〈鴻門之宴〉（以下引作 6-10），十一、丘遲的〈與陳伯之書〉（以下引作 6-11），十四、曾國藩的〈曾國藩日記選〉（以下引作 6-14），十五、高明的〈琵琶記‧糟糠自厭〉（以下引作 6-15）。

三　教材疑義舉例

筆者綜合第五、六冊的疑義，提出共分四大部分，依序如下：

（一）題解的部分，只有一項

1　說明應標明清楚

（1）自四川奉節縣東起，至湖北省宜昌縣西北，全長七百里。（5-11）

這是說明長江三峽的長度，全長有七百里。其中七百里顯然有誤，首先依據《重編國語辭典修訂本》解釋說：

長江上游瞿塘峽、巫峽和西陵峽的合稱。西起四川省奉節縣白帝城，東至湖北省宜昌縣南津關，長二百零四百里。[1]

1　教育部國語推行委員會編：《重編國語辭典修訂本》（臺北市：臺灣商務印書館，1998 年）（透過教育部國語推行委員會網站查詢）。

再者大陸出版品《長江三峽》說明：

> 三峽西起四川奉節的白帝城，東至湖北宜昌的南津關，全長
> 192 公里，它由瞿塘峽、巫峽和西陵三段峽谷所組成。[2]

不論是二百零四公里或是一百九十二公里，都足以證明不是「七百里」的說法，這是第一項沒有標明清楚。另外長江三峽的起點及終點，教材只說「奉節縣東」、「宜昌縣西北」，不夠明確，這是第二項沒有標明清楚。教材兩項的說明，值得商榷。

（二）作者的剖分，有兩項

1　作者的生平介紹有誤

> （1）（文天祥）年二十，舉進士，對策集英殿，理宗親拔為第
> 一名。(5-2)

這是介紹文天祥，二十歲考上進士。應該是「二十一歲」。教科書說明文天祥「生於宋理端平三年（西元一二三六年）」。依據《宋理宗寶祐四年丙辰登科錄》記載：

> 第一甲第一人文天祥。[3]

而「寶祐四年丙辰」（西元一二五六年），天祥正是二十一歲，另外文天祥的詩〈集英殿賜進士及第恭謝詩〉說：

> 於皇天子自乘龍，三十三年此道中，悠遠直參天地化，升平奚

2　沈延太撰：《長江三峽》（北京市：人民美術出版社，1994 年），前言。

3　《宋寶祐四年登科錄》（臺北市：臺灣商務印書館，《景印文淵閣四庫全書》本，1983 年），第 451 冊，頁 47。

羨帝王功。但堅聖志持常久，須使生民見泰通。第一臚傳新渥
重，報恩惟有屬清忠。[4]

詩中「於皇天子自乘龍，三十三年此道中」是指宋理宗即位至今已三
十三年，宋理宗即位是在宋寧宗嘉定十七年（西元一二二四年），向
後算三十三年，正是理宗寶佑四年，天祥考取進士的時候。因此，文
天祥應該是二十一歲考取進士第一名，即狀元。至於教科書所說「年
二十，舉進士」的說法，可能是依據《宋史‧文天祥傳》說：「年二
十舉進士，對策集英殿」，而《宋史》的說法，可能是誤解元代劉岳
申的記載，劉岳申的〈文丞相傳〉說：

　　寶佑乙卯，年二十，以字貢。廷對置第五，理宗親擢第一。[5]

這是說二件事，一是在寶佑乙卯，天祥原名叫雲孫，後來朋友稱他為
「天祥」，於是用文天祥的名字，參加考試，中了貢士，後又將字改
為「履善」，宋龔開的〈宋文丞相傳〉就記載說：

　　寶佑乙卯，歲大比，以字為名，應舉得薦，改字履善。[6]

另外一件事，是隔了一年，參加殿試，理宗親擢第一名。因此《宋
史》誤把二件事，混在一起，才會說成「年二十舉進士，對策集英
殿」，以致後人不察，皆沿襲錯誤，例如：明代胡廣的〈丞相傳〉
說：「寶佑乙卿，年二十舉士，對策集英殿。」[7]、明代郭篤周的〈文

4　（宋）文天祥撰：《文天祥全集》（南昌市：江西人民出版社，1987 年），卷 1，頁
　　1、760、757、771。

5　（宋）文天祥撰：《文天祥全集》，卷 1，頁 1、760、757、771。

6　（宋）文天祥撰：《文天祥全集》，卷 1，頁 1、760、757、771。

7　（宋）文天祥撰：《文天祥全集》，卷 1，頁 1、760、757、771。

丞相傳〉說：「年甫弱冠，理宗親拔進士第一。」[8]、明代李贄的〈文天祥〉說：「年二十舉進士，對策集英殿，理宗親拔為第一。」[9]、明代錢士升的〈文天祥〉說：「年二十，舉進士。」[10]、清代陳弘緒的〈宋少堡信國文公傳〉說：「年二十，舉進士。」[11]、清代黃宗羲的〈忠烈文山文天祥〉說：「年甫弱冠，理宗親拔進士第一。」[12]。也有記載正確的，例如：宋袞龔開的〈宋文丞相傳〉說：「寶祐乙卯，歲大比，以字為名，應舉得薦，改字履善。明年，禮部奏名，廷對策，有司次其（一作在）第；奏讀，擢居第一。」[13]、宋鄭思肖的〈文丞相敘〉說：「公寶祐四年二十一歲，廷對擢為大魁。」[14]、《昭忠錄》記載：「寶祐丙辰進士第一，時年二十一。」[15]、總之，教科書說文天祥「年二十，舉進士」的說法有誤，值得商榷。

（2）（酈道元）明帝孝昌元年（西元五二五年），因追討叛眾有功，除御史中尉。(5-11)

從此段敘述，可知酈道元除御史中尉，在明帝孝昌元年。這是依據《北史‧酈道元傳》說法：

> 孝昌初，梁遣將揚州刺史元法僧，又于彭城反叛，詔道元持節兼侍中攝行臺尚書，節度諸軍，依僕射李平故事。後除御史中

8　劉文源編：《文天祥研究資料集》（北京市：中國科學出版社，1991年），頁69、77、78、118、120、134、138、150。

9　劉文源編：《文天祥研究資料集》，頁69、77、78、118、120、134、138、150。

10　劉文源編：《文天祥研究資料集》，頁69、77、78、118、120、134、138、150。

11　劉文源編：《文天祥研究資料集》，頁69、77、78、118、120、134、138、150。

12　劉文源編：《文天祥研究資料集》，頁69、77、78、118、120、134、138、150。

13　劉文源編：《文天祥研究資料集》，頁69、77、78、118、120、134、138、150。

14　劉文源編：《文天祥研究資料集》，頁69、77、78、118、120、134、138、150。

15　劉文源編：《文天祥研究資料集》，頁69、77、78、118、120、134、138、150。

丞。[16]

不過丁山先生卻認為，酈道元除御史中尉在孝昌二年，他考證認為：

> 按：肅宗記，「孝昌二年，遣河間王琛為大都督，酈道元為行
> 臺。」魏書本傳云，「除安將軍，御史中尉。」[17]

可知，《北史·酈道元傳》的「後」是在第二年即孝昌二年，並不是
在孝昌元年，教科書可能誤解在此，才會認定酈道元在孝昌元年，除
御史中尉。此說有誤，值得商榷。

> （3）（王守仁）於正德十三年平定寇亂。翌年，又平震濠之
> 亂，封新建伯，升南京兵部尚書。（5-14）

從此段敘述可知，王守仁封新建伯，升南京兵部尚書，在正德十四
年。依據《明史·世宗本紀》說：

> （正德十六年）十一月丁巳，錄平宸濠功，封王守仁新建伯。[18]

同時，在王守仁在〈辭封爵普恩賞以彰國典疏〉說到：

> 南京兵部尚書王守仁謹奏：為辭免封爵，普恩賞以彰國典事。
> 臣於正德十六年十二月十九等日，節准兵部、吏部咨。俱為捷
> 音事，節該題奉聖旨，江西反賊勤平，地方安定，各地官員，
> 功績顯著，⋯⋯王守仁封新建伯⋯⋯還兼南京兵部尚書。[19]

---

16 （唐）李延壽撰：《新校本北史》（臺北市：鼎文書局，1999年），卷27，頁995。

17 丁山撰：〈酈學考序目〉，刊載《中央研究院歷史語言研究所集刊》第3本第3分，
頁359。

18 （清）張廷玉撰：《新校本明史》（臺北市：鼎文書局，1999年），卷17，頁215-216。

19 （明）王守仁撰：《王陽明全集》（臺北市：河洛圖書出版社，1978年），卷13，頁
187、649、650。

因此可以確知：王守仁是在正德十六年封新建伯，當時還兼南京兵部
尚書。另外依據錢德洪、王畿編的《王陽明年譜》記載：

> （正德十六年）六月……陞南京兵部尚書……十有二月封新建
> 伯。[20]

可明確知道，王守仁先升南京兵部尚書，後封新建伯。而教科書不僅
時間有誤，官位與封號的順序也有誤，值得商榷。

2　作者的著作有誤

（1）（賈誼）傳世著作有賈子新書十卷。（6-7）

賈誼的著作名稱是《賈子新書》十卷。不過歷代著錄賈誼著作名稱是
《賈誼》、《賈子》、《賈誼新書》、《新書》居多，而以《賈子新書》卻
少之又少。茲舉歷代著錄說明[21]：

> 《漢書・藝文志》：《賈誼》五十八篇
> 《隋書・經籍志》：《賈子》十卷
> 《舊唐書・經籍志》：《賈子》九卷
> 《新唐書・藝文志》：《賈誼新書》十卷
> 《宋史・藝文志》：《賈誼新書》十卷
> 《崇文總目》：《賈子》十九卷
> 《郡齋讀書志》：《新書》十卷
> 《直齋讀錄解題》：《賈子》十一卷

20　（明）王守仁撰：《王陽明全集》，卷13，頁187、649、650。

21　（漢）賈誼撰，王淵明、徐超校注：《賈誼集校注》（北京市：人民文學出版社，
　　1996年），附錄，頁465-486。

《玉海》：漢《賈誼新書》、《賈子》、《賈誼集》

《慈溪黃氏日抄》：《賈誼新書》十卷

《抱經堂文集》：《賈誼新書》

《四庫全書》：《新書》十卷

《讀書脞錄》：《賈誼新書》

《鄭堂讀書記》：《賈子》十卷

《拜經樓藏書題跋記》：《新書》十卷

《鐵琴銅劍樓藏書目錄》：《新書》十卷

《皕宋樓藏書志》：《新書》十卷

《儀顧堂題跋》：《新雕賈誼新書》十卷……《賈子新書》十卷

《滂喜齋藏書記》：《賈誼新書》十卷

《札迻》：《賈子新書》

《青學齋集》：《賈子新書》

《巢經堂文集》：《賈子新書》

《左盦集》：《賈子新書》

可知，以《賈子新書》名稱，從清代的陸心源的《儀顧堂題跋》、孫詒讓的《札迻》、汪之昌的《青學齋集》、鄭珍的《巢經堂文集》以及劉師培的《左盦集》等，之前皆沒出現《賈子新書》。賈誼是漢代人，他的著作是否應以時代較早的名稱稱呼較好呢？因此，教科書說的《賈子新書》應值得商榷。

（2）（高明）尚有南戲閔子騫單衣記及詩集柔克齋集（6-15）

此處說明高明的詩集《柔克齋集》。這有兩點疑義：一是詩集的名稱不對，二是《柔克齋集》是否是詩集。

依據冒廣生先生的《永嘉詩人祠堂叢刻》其中《柔克齋詩集輯

跋》說到：

> 及來永嘉，求則誠所著《柔克齋詩集》不可得……集中陳挺詩
> 注謂：「遺集已失，其叔祖方塘嘗於高家得殘板二十餘片，既
> 而視之，多不相續，後因兵火，並失之」云云。則此集在明中
> 葉時已無傳本。顧俠君《元詩選》中錄則誠詩一卷，仍題《柔
> 克齋集》，疑從他書轉錄，未必見原本也。……僅就……輯則
> 誠詩凡四十九首，又詞一首，都為一卷，以備此邦文獻。[22]

因此，顧俠君在《元詩選》提到《柔克齋集》，意思是他錄的詩，從
《柔克齋集》選出的。而要以詩集名稱，應以冒廣生所輯的《柔克齋
詩集》為妥。

　　至於《柔克齋集》是否是詩集，從上段冒廣生先生所說，此集在
明中葉已無傳本，今人胡雪岡、張賓文重新輯錄高明的詩文集，名為
《高則誠集》，總結說到：

> 此次我在輯校其詩文時，復輯得詩六首，文三篇，共為詩五十
> 五首，詞一闋，文十三篇。此外，選輯散曲及《琵琶記》佚曲
> 多篇。[23]

從輯錄的結果，推測《柔克齋集》並不只包含詩，尚包含文、詞、散
曲、佚曲等。因此《柔克齋集》可謂高明作著的集大成，而教科書卻
說成詩集，有待商榷。

---

22 （元）高明撰，胡雪岡、張憲文輯校：《高則誠集》（杭州市：浙江古籍出版社，1992
　 年），頁 313，及前言頁 13。

23 （元）高明撰，胡雪岡、張憲文輯校：《高則誠集》，頁 13、313。

（三）課文的部分，有二項

1 標點符號的不當

（1）彼氣有七，吾氣有一，以一敵七，吾何患焉！況浩然者，乃天地之正氣也，作正氣歌一首。（5-2）

其中「況浩然者，乃天地之正氣也，」的第二個「，」有疑義。「況」是遞進的連詞，表示追加、補充。段德森先生解說：

> 在已敘述的理由或情況之外，再追加、補充一層理由或情況，其句子是陳述語氣。[24]

因此，當「吾何患焉！」語義已足，但是作者仍要加強補充「吾氣有一」的氣是什麼，所以才會進一步地說明「況浩然者，乃天地之正氣也」語義已足，因此句末的標點宜改「。」較妥，後面的「作正氣歌一首」是另起一意，與前句無關，而教科書卻使用「，」，值得商榷。

（2）夫以草木之微，依情待實；況乎文章，述志為本，（5-8）

其中「況乎文章，述志為本」的「況乎」與第一例的「況」用法相同，因此，在「述志為本」的句末宜改為「。」，教科書卻使用「，」，值得商榷。

（3）魯智深道：「酒家不忌葷酒，遮莫什麼渾清白酒，都不揀選。牛肉、狗肉，但有便吃。」（5-4）

---

24 段德森編：《實用古漢語虛詞》（太原市：山西教育出版社，1991年），頁522。

其中「但有便吃」是條件關係構成的複句，中間應用「，」分開，意思更加明顯，如果不分開，像是單句，意思會混淆不清。教科書沒有分開，值得商榷。

(4) 太公道：「……因來老漢莊上討進奉，見了老漢女兒，撇下了二十兩金子，一匹紅錦為定禮，選著今夜好日，晚間來入贅。」(5-4)

其中「撇下了二十兩金子，一匹紅錦為定禮」其間的「，」有誤，宜改為「、」。因為「二十兩金子」、「一匹紅錦」是並列的語，依據《重訂標點符號手冊》解說：

（頓號）用在平列連用的單字、詞語之間，或標示條列次序的文字之後。[25]

因此，教科書使用「，」，值得商榷。

(5) 但是在草原上，大自然卻提供了一些讓心情可以澄靜下來的東西：貼地和緩的草坡，以及在開闊的草坡上自由變化的日光與風雲。……在戰戰兢兢地跋涉走險之後 (5-10)

其中「貼地和緩的草坡」、「在戰戰兢兢地跋涉走險之後」的「貼地」與「和緩」、「跋涉」與「走險」皆並列的話，與第 4 例的情形一樣，其間宜加「、」，而教科書未加，值得商榷。

(6) 君人者，誠能見可欲，則思知足以自戒；將有作，則思知止以安人；念高危，則思謙沖而自牧；懼滿溢，則思江海下

---

25 教育部國語推行委員會編：《重訂標點符號手冊》（臺北市：教育部，1987 年），頁 5、8、11、25。

百川；樂盤遊，則思三驅以為度；憂懈怠，則思慎始而敬終；
慮壅蔽，則思虛心以納下；想讒邪，則思正身黜惡；恩所加，
則思無因喜以謬賞；罰所及，則思無怒而濫刑。（5-6）

此段是講「君人者」「十思」的事情，其中「誠」作副語修飾下面十
個句子，並不是只修飾「能見可欲，則思知足以自戒」一個句子，因
此，在「誠」之後，宜加「：」。依據《重訂標點符號用法》解說：

（冒號）用在總起下文。[26]

而教科書沒有加標點符號，容易引起誤解，值得商榷。

（7）其栽培涵養之方，則宜誘之歌詩，以發其志意；導之習
禮，以肅其威儀；諷之讀書，以開其知覺。（5-14）

此段講「其栽培涵養之方」有三種方法，其中「則宜」是總起下文，
與第 6 例用法相同，「則宜」後面，宜加上「：」，而教科書未加標點
符號，值得商榷。

（8）故凡誘之歌詩者，非但發其志意而已，亦所以洩其跳號
呼嘯於詠歌，宣其幽抑結滯於音節也。導之習禮者，非但肅其
威儀而已，亦所以周旋輯讓而動蕩其血脈，拜起屈伸而固束其
筋骸也。諷之讀書者，非但開其知覺而已，亦所以沉潛反復而
存其心，抑揚諷誦以宣其志也。（5-14）

其中「故凡」是總起下文，用法與第 6 例相同，在後面宜加「：」，
而教科書卻未加，值得商榷。

（9）又有鄙陋之見，檢點細事，不忍小忿。（6-4）

26 教育部國語推行委員會編：《重訂標點符號手冊》，頁 5、8、11、25。

此段講「鄙陋之見」有二件，因此，用法同第 6 例，總起下在句尾宜加「：」，而教科書卻使用「，」，值得商榷。

（10）毋輒因時俗之言，改廢其繩墨，庶成蒙以養正之功矣。（5-14）

其中「庶成蒙以養正之功矣」的「蒙以蒙正」，出自《易經・蒙卦》，〈蒙卦〉說：

蒙以養正，聖功也。[27]

依據《重訂標點符號用法》解說：

（引號）用來標示說話、引語、專有名詞，或特別用意的詞句。[28]

因此「蒙以養正」加上「『』」，標示引語，文義也比較清楚，而教科書未加，值得商榷。

（11）郭景純所謂：「巴東之峽，夏后疏鑿」者也。江水又東逕巫峽。（5-11）

其中「江水又東逕巫峽」是另起一段，不過之前，依據王國維校的《水經注校》[29]，發現漏了一大段：

又東出江關，入南郡界……溪水又南入于大江。

---

27 （魏）王弼注，（晉）韓康伯注，（唐）孔穎達疏《周易注疏》（臺北市：東昇出版社，年份不詳），頁 23。

28 教育部國語推行委員會編：《重訂標點符號手冊》，頁 5、8、11、25。

29 （漢）桑欽撰，（後魏）酈道元注，（清）王國維校：《水經注校》（臺北市：新文豐出版公司，1987 年），卷 33、34。

根據《重訂標點符號用法》解說：

（刪節號）用來表示節略原文或語句未完、意思未盡等。[30]

因此，在「江水又東逕巫峽」之前，省略了一段原文，宜用「……」，而教科書未加標點，值得商榷。

（12）江水又東逕巫峽，杜宇所鑿以通江水也。江水歷峽，東逕新崩灘。（5-11）

其中「江水歷峽」之前，省略「郭仲產云：按《地理志》，巫山在縣西南，而今縣東省巫山，將郡、縣居治無恒故也。」，與前面第 11 例相同。「江水歷峽」之前，宜加上「……」，而教科書未加，值得商榷。

（13）故漁者歌曰：「巴東三峽巫峽長，猿鳴三聲淚沾裳！」江水自建平至東界峽（5-11）

其中「江水自建平至東界峽」之前，省略「江水又東逕右門灘……又東過夷陵縣南」，與前面第 11 例相同。「江水自建平至東界峽」之前，宜加上「……」，而教科書未加，值得商榷。

（14）曰：「虞不臘矣！在此行也，晉不更舉矣！」冬，晉滅。師還，館於虞。遂襲虞，滅之，執虞公。（5-12）

依據《十三經注疏‧左傳》[31]，校對，發現：在「冬」之前，省略「八月甲午晉侯圍上陽……鶉火中必是時也。」；在「冬」之後，省

---

30 （漢）桑欽撰，（後魏）酈道元注，（清）王國維校：《水經注校》，卷 33、34。

31 （晉）杜預集解，（唐）孔穎達疏：《春秋左傳注疏》（臺北市：東昇出版社），頁 208-209。

略「十二月丙子」；在「師還」之前，省略「虢公丑奔京師」；在「執虞」之下，省略「及其大夫井伯」；這些情形與前面第 11 例相同。在這些省略處，宜加「……」，而教科書皆未加，值得商榷。

　　（15）為善不積邪，安有不聞者乎？（6-3）

其中「為善不積邪」句尾標點符號「，」，宜改為「？」。依據王先謙的《荀子集解》解釋：

> 王念孫曰：「不積」之「不」，涉上下文而衍，當依群書治要刪，說見〈大戴記〉述聞〈勸學篇〉。先謙案：〈大戴記〉作「為善而不積乎，豈有不至哉」，盧辯注：「至，一作聞。」孔廣森注云：「言為善或不積耳，積則未有不至於成者。」此文亦言為善或不積邪？積則安有不聞者乎？語意曲而有味。治要作「為善積也」，逕刪「不」字，意味索然。王氏反從之，卻併刪〈大戴記〉，何也？[32]

因此，「為善而不積邪」是反詰句，「邪」字表示反諸語氣，所以在句尾，加上「？」，而教科書未加，值得商榷。

2　用字不當

　　（1）蔭綠色的雲影在微雨後的嫩綠草原上緩緩移動，一如山中時光無聲的流淌。（5-10）

其中「無聲的流淌」並非主從結構，而是造句結構，「無聲的」作副語，因此作為形容詞詞尾的「的」，宜改為副詞詞尾的「地」。教科書

32　（清）王先謙撰：《荀子集解》（北京市：中華書局，1997 年），卷 1，頁 11。

作「的」，值得商榷。

（2）但是他在這件破舊衣裳遮蓋之下優哉遊哉的神遊於太虛之表⋯⋯西洋的庭園，不時的要剪草⋯⋯我們的園藝的標準顯然的有些不同⋯⋯永遠一年一度的引起人們的不可磨滅的興味⋯⋯噶咯噶咯的作響⋯⋯也噶咯噶咯的響了幾十年⋯⋯現在輪到我手裡噶咯噶咯的響了。（6-6）

其中「優哉遊哉的」、「不時的」、「顯然的」、「一年一度的」、「噶咯噶咯的」皆作副語，「的」應改為「地」。

（3）有時，我則獨自唏唏嗦嗦地往北走過低窪的草地（5-10）

其中「唏唏嗦嗦」是狀聲詞，根據《漢語疊音詞詞典》解釋：

細碎的磨擦聲。[33]

這個意思與文章的意思不能配合，顯然有疑義，宜改為「嗦嗦嗦嗦」，根據《聲音描寫詞典》解釋：

形容輕微的動作聲等[34]

這樣的解釋與文章的意思能配合。因此，改為「嗦嗦嗦嗦」較妥，而教科書作「唏唏嗦嗦」，值得商榷。

（4）今灘上有石，或圓如簞，或方似屋。（5-11）

---

33 張拱貴、王聚元編：《漢語疊音詞詞典》（南京市：南京大學出版社，1997 年），頁400。

34 （漢）桑欽撰，（後魏）酈道元注，楊守敬、熊會貞疏，段熙仲點校，陳橋驛復校：《水經注疏》（南京市：江蘇古籍出版社，1989 年），卷 34，頁 2832。

其中「或方似屋」的「屋」字，宜改為「笥」，依據《水經注疏》卷三十四解說：

> 朱笥訛作屋，戴、趙同。會貞按：屋與簞不類，不得對舉，考鄭玄《曲禮·注》：圓曰簞，方曰笥。酈氏著本以為說，則屋當笥，今訂。㉞

熊會貞認為：簞、屋不同類；而簞、笥是同類，因此將「屋」改為「笥」古文行習慣，舉例同類，是可以接受的。而教科書未改，值得商榷。

> （5）且吾亦將去此；故特叮嚀，以告爾諸教讀。（5-14）

其中「且吾亦將去此」的「此」，應刪去。依據《四庫全書·王文成全書》[35]，並無「此」字。因此，根據版本來校讀，「此」字宜刪，而教科書未刪，值得商榷。

> （6）螣蛇無足而飛，梧鼠五技而窮。（6-3）

其中「梧鼠五技而窮」的「梧鼠」，宜改為「鼫鼠」。唐代楊諒解說：

> 「梧鼠」當為「鼫鼠」，蓋本誤為「鼫」字，傳寫又誤為「梧」耳。[36]

清代王念孫補充說明：

> 本草言「螻蛄一名鼫鼠」，不言「一名梧鼠」也。今以螻蛄之

---

35 （明）王守仁撰：《王文成全書》（臺北市：臺灣商務印書館，《景印文淵四庫全書》本，1987 年），卷 2，頁 78。

36 （清）王先謙撰：《荀子集解》，卷 1，頁 9-10。

　　蛄、鼫鼠之鼠合為一名而謂之蛄鼠，又以蛄、梧音相近而謂之梧鼠，可乎？且〈大戴記〉正作「鼫鼠五技而窮」，鼫與梧音不相近，則「梧」為誤字明矣。當以楊說為是。[37]

可知，「梧鼠」實為「鼫鼠」的錯誤，因此在範文宜改「梧」為「鼫」；或者範文不改，可在注釋時，予以更正解說。而教科書兩方面皆未做，值得商榷。

　　（7）秦人開關延敵，九國之師，逡巡遁逃而不敢進。(6-7)

其中「逡巡遁逃而不敢進」的「逡巡遁逃」，有版本上的異文，「遁逃」乃多餘的。依據清代盧文弨的《抱經堂校本·新書》作「逡遁」並注解：

　　遁而巡同，建本尚不誤，潭本則從始皇本紀訛。本作「逡巡遁逃」，案：陳涉世家但作「遁逃」亦誤。[38]

清代梁玉繩的《史記志疑》卷五注解：

　　附案世家、文選無「逡巡」字，新書作「逡巡」、《漢書》作「遁巡」皆無作四字連文者。蓋遁即巡字，而遁之所以為巡者，因遁與循同也。後人傳寫既誤遁為巡，又移遁配逃，增于逡巡之下，遂致文義重複，其實逡遁為逡巡之異文。謂九國遲疑不進爾，若云遁逃而走，即應大被追躡，豈得但言不敢進乎。[39]

37　（清）王先謙撰：《荀子集解》，卷 1，頁 9-10。

38　（漢）賈誼撰，（清）盧文弨輯：《新書》（臺北市：藝文印書館，1968 年），卷 1，頁 6。

39　（清）梁玉繩撰：《史記志疑》（臺北市：藝文印書館，1964 年），卷 5，頁 103。

可知：「遁逃」在上下文義講不通。同時「逡巡」與「逡遁」是異文，所以課文作「逡巡」或作「逡遁」皆可，而教科書沒有考證而照錄《史記》原文，值得商榷。

（四）注釋的部分，有三項

1　引用資料有誤

（1）㉕鳴琴　言無為而治。《說苑・政理》：「虙子」賤治單父，鳴琴，下堂，而單父治。（5-6）

其中引用《說苑・政理》來說明「鳴琴」的來源，不過「鳴琴」較早應該出於《呂氏春秋》,〈祭賢〉篇云：

宓子賤治單父，彈鳴琴，身不下堂，而單父治。[40]

《說苑》成書於西漢，劉向所編，而《呂氏春秋》成書於戰國，呂不韋門客所編。因此，若要說明「鳴琴」的來源，應引用《呂氏春秋》較妥，而教科書卻引用《說苑》，值得商榷。

2　解說不夠完備

（1）⑭厲　害、病的意思。（5-2）

「厲」有「害、病」的意思，實在看不出來。原來「厲」是假借字。依據《說文解字》云：

癘，惡疾也。[41]

40　（戰國）呂不韋等撰，陳奇猷校釋：《呂氏春秋校釋・察賢》卷 21，頁 1441。

41　（漢）許慎撰，（清）段玉裁注：《說文解字注》（上海市：上海書店，1992 年），七

段玉裁注解：

> 古義謂惡病，包內外言之。今義別制癩字，訓為惡瘡，訓癘為癘疫，古多借厲為癘。公羊傳作病，何注云：「病者，民疾疫也」。[42]

張舜徽解說：

> 癘之為癩、為病，皆雙聲語轉耳。癘有二義：一為惡瘡，一為時疫。《史記‧刺客列傳》：「豫讓又漆身為厲。」《集解》云：「厲音賴。」《索隱》云：「癩、惡瘡病。」凡漆有毒，近之多患瘡腫，若癩病然。故豫讓以漆塗身，令其若癩耳。厲、癩聲相近，故古人多假厲為癩，此惡瘡之說也。《左傳》哀公元年：「天有災癘。」杜注云「癘，疾疫也。」〈公羊傳〉莊公二十年：「大灾者何？病也。」何注云：「病者，民疾疫也。」惠棟云：「病即癘字，古厲、列通。」此時疫之說也。許以惡疾釋癘，蓋以前義為主。[43]

因此，「厲」是假借「癘」，也作「痢」，而「癘」有惡病的意思，所以「厲」才有「害、病」的意思。如果在注釋能加上「厲」是癘的假借字，文義則會更清楚明白。

（2）㉜善刀　使刀妥善，引用為拭刀。（5-13）

其中「善」的解釋，沒有說明，為什麼會說「善刀」是「使刀妥善」，令人不解。而「善」應補充說明：通「繕」。依據《常見通假字

篇下，頁350。

42　（漢）許慎撰，（清）段玉裁注：《說文解字注》七篇下，頁350。

43　張舜徽撰：《說文解字約注》（臺北市：木鐸出版社，1984年），卷14，頁2004。

字典》說明：

> 善通繕……按：上古音都是禪母元韵，屬音同通假。[44]

又據《說文解字》解說：

> 繕，補也。[45]

段玉裁注曰：

> 許言補，其本義也。[46]

張舜徽的《說文解字約注》補充說明：

> 許但以補訓繕，謂補衣也。補衣謂之繕，猶具食謂之膳，皆謂
> 治理之也。繕本治衣，引申為凡治之稱。[47]

「繕」的本義是治衣，引申為修治、擦拭。因此「善刀」即是擦拭刀。所以教科書如果能補充說明「善，通繕，擦拭」，意思明白又清楚。

3 解說不當

（1）②既望　陰曆每月十六。望，陰曆每月十五日。（5-3）

其中「望」的解釋值得商榷。依據《釋名・釋天》解釋：

> 望，月滿之名也。月大十六日，小十五日，日在東，月在西，

---

44 歐紹華編：《常見通假字字典》（廣州市：廣東教育出版社，1996 年），頁 41。
45 （漢）許慎撰，（清）段玉裁注：《說文解字注》，十三篇下，頁 656。
46 （漢）許慎撰，（清）段玉裁注：《說文解字注》，十三篇下，頁 656。
47 張舜徽撰：《說文解字約注》，卷 25，頁 3435。

遙相望。[48]

可知,「望」有大月、小月的分別,大月則在十六日,小月則在十五日。而「既望」的解釋,就要判斷是在大月,還小月,在課文裡說「壬戌之秋,七月既望」,根據陳香白先生指出:

> 而「壬戌」(宋神宗元豐五年,即公元 1082 年)這一年的七月恰是大月,故「既望」應作「七月十七日」。[49]

另外王力先生說明:

> 近在望後的日子叫做「既望」。[50]

因此,有兩派的見解:一說「既望」是農曆大月則在十七日,小月則在十六日;二說「既望」是農曆大月則在十七日以後,小月則在十六日以後。不論兩派孰是孰非,教科書的說法皆有疑義,值得商榷。

> (2)㊳狼藉　縱橫交錯不整齊的樣子。藉,音ㄐㄧˊ,眾多雜亂的樣子。(5-3)

其中「狼藉」是聯綿詞,依據徐振邦先生解釋:

> 而聯綿詞的兩個音節卻是一個詞素……所以是單純詞,根本的原因是聯綿詞「義寄於聲」……聯綿詞詞義是由二字共同表示的,拆開便各自無義,所以具有不可分拆性和共同表義性。[51]

48　(漢)劉熙撰:《釋名》(臺北市:育民出版社,1970 年),卷 1,頁 7。

49　李更新、李迎躍編:《文言疑難辨釋札記》(北京市:中國戲劇出版社,1996 年),頁 325。

50　王力編:《中華文化常識》(臺南縣:莊嚴文化事業有限公司,1978 年),頁 139。

51　高文達主編:《聯綿詞概論》(鄭州市:河南人民出版社,2001 年),頁 130、132。

可知：「狼藉」是以聲音組合的詞，而且是不可拆開的。因此，「狼藉」解釋成「縱橫交錯不整齊的樣子」即可，不能再分析解詞，所以教科書卻把聯綿詞拆開，解釋「藉」，這是不知聯綿詞的特點而造成的錯誤，值得商榷。

（3）⑳時窮節乃見——垂丹青……丹青，本指圖畫，此泛稱史冊。（5-2）

其中「丹青」本義是圖畫，如何與史冊牽涉呢？值得懷疑。「丹青」應指「丹冊與青史」。南朝梁江淹的〈詣建平王上書〉說：

俱啟丹冊，並圖青史。[52]

李善注解：

《漢書》曰：高祖論功定封以丹書之信，重以白馬之盟。又有青史，子音義曰：古史官記事。[53]

可知：丹冊，又稱丹書，是記功勛；青史，是記史事。因此，丹青，是合稱，引申為史冊、史書。而教科書把丹青的本義說成圖畫，值得商榷。

（4）⑦斝……玉杯。（5-16）

其中「斝」的解釋可疑。依據教育部重編的《國語辭典修訂本》解釋：

---

52 （梁）蕭統編，（唐）李善注：《文選》（臺北市：石門圖書公司，1976 年），卷 39，頁 563。

53 （梁）蕭統編，（唐）李善注：《文選》，卷 39，頁 563。

（斝）借指酒杯。[54]

可知，斝，作酒杯解釋。至於在範文中「青玉斝」，可解釋「青玉製成的酒杯」。而教科書卻只解釋「斝」作「玉杯」，值得商榷。

（5）㉘橫槊賦詩　橫擱著長矛，吟誦詩歌。形容意氣自得的樣子。（5-3）

其中「橫槊」解釋「橫擱著長矛」，如何能顯示出意氣自得的樣子呢？值得懷疑。「橫」的解釋，依據《漢語大字典》解釋：

使物體橫向（拿著或放著）。[55]

可知，橫槊可以橫拿著，或橫放著。試問，那一種架式可以顯示出意氣自得的樣子。「橫拿著」應該比「橫放著」來得好些，因此教科書，值得商榷。

（6）⑳沿泝阻絕　舟船上下不能通行。（5-11）

從解釋上可以知道「阻絕」是「不能通行」。範文原句是「至於夏水襄陵，沿泝阻絕；或王命急宣，有時朝發白帝，暮到江陵，其間千二百里，雖乘奔御風，不以疾也。」，如照注釋說，「夏水襄陵」舟船不能通行，為什麼還說乘快馬，駕疾風，也不及船行快速。這不是自相矛盾嗎？因此「阻絕」的解釋，值得懷疑。而瑞君先生解釋說：

「阻絕」應是主謂關係，意思是：險阻消失。……「阻」當是指江中的險灘暗礁之類阻礙航行的東西。「絕」可作「盡」解……「盡」有「沒有了」、「消失了」的意思……根據「阻」

54　《國語辭典修訂本》（透過教育部國語推行委員會網站查詢）。

55　徐仲舒主編：《漢語大字典》（武漢市：湖北辭書出版社，1986 年），頁 1273。

和「絕」這樣的詞義，將「阻絕」看成主謂關係，理解為「險阻」消失了，當是沒有問題的。[56]

把「阻絕」說成「險阻消失」，與範文前後意思配合，值得採信。而教科書的說法，值得商榷。

（7）㉔泉香而酒洌　指用釀泉的水做酒，泉水香甜，酒色澄清。（5-5）

其中「泉香而酒洌」是錯綜修辭方法，依據趙世舉先生說明：

「泉香而酒洌」，應是「泉洌而酒香」。只是調整了語序，詞義本身並無變化，是錯綜。[57]

因此，「泉香而酒洌的解釋，應『泉洌而酒香』才合宜，教科書的說法，值得商榷。

（8）⑨塗泥半朝蒸漚歷瀾　雨後滿地泥濘，經過蒸發漚泡，一片糜爛，土氣逼人。……半朝，半屋子。（5-2）

其中「半朝」，從整句解釋是「滿地」，而注釋卻說「半屋子」，可見注釋單詞與全句的解釋互相矛盾，值得商榷。

（9）(59)懸然如磬　原指四壁空空，只有屋樑像懸磬一般，喻家中貧困，空無所有，即「室如懸磬」。（6-2）

其中解釋「懸然如磬」的「喻家中貧困，空無所有」沒有問題；疑義的是解釋為什麼懸磬是家中貧困，空無所有。教科書說「原指四壁空

56 瑞君撰：〈文言文詞語訓釋三則〉，《天津師大學報》1993 年第 2 期（1993 年），頁 79。

57 趙世舉撰：《古漢語易混問題辨析》（西安市：陝西人民出版社，1989 年），頁 231。

空，只有屋樑像懸磬一般」，是指「屋樑」比喻「懸磬」；而「室如懸磬」是指「室」比喻「懸磬」，相形之下，教科書的闡釋喻體的對象弄錯了，值得商榷。那麼，如何闡釋才合適？朱啟新先生說：

> 「室如懸磬」，就是室如同掛著的磬下的空擋一樣，任何什物都沒有了。[58]

喻體明顯，闡釋合理、明白。

> （10）④司空　官名，於周為六卿之一，掌水土之事，與大司馬、大司徒並稱三公。（6-2）

其中「三公」，教科書說是「司空、大司馬、大司徒」；不過依據教育部重編《國語辭典修訂本》解釋：

> 人臣中最高的三個官位：（1）周代以太師、太傅、太保為三公……（2）西漢以大司馬、大司徒、大司空為三公……（3）東漢以太尉、司徒、司空為三公。[59]

同時，依據《新校本舊唐書‧職官志》說：

> 高祖……武德七年定令：以太尉、司徒、司空為三公。[60]

又依據《新校本新唐書‧百官志》說：

> 太尉、司徒、司空，各一人，是為三公。[61]

58　朱啟新撰：《文物與語文》（北京市：東方出版社，1999 年），頁 127。

59　教育部國語推行委員會編：《重編國語辭典修訂本》（透過教育部國語推行委員會網站查詢）。

60　（後晉）劉昫撰：《新校本舊唐書》（臺北市：鼎文書局，1999 年），頁 1783。

61　（後晉）劉昫撰：《新校本舊唐書》，頁 1184。

因此，教科書所注釋「三公」是「司空、大司馬、大司徒」，不僅從周代至東漢時代皆無，就連作者（杜先庭）出生的唐朝，也沒有。所以，注釋除了引用資料不正確外，也沒有配合時代解釋，值得商榷。

（11）㉗舉所佩玉玦以示之者三　謂舉起他佩帶的玉玦，對項羽示意三次。（6-10）

其中「三」，注釋為「三次」。清代汪中的《述學·釋三九上》說：

因而生人之措辭，凡一二之所不能盡者，則約之三，以見其多。[62]

可知，「三」代表多次或多數。再者，就範文的內容看「范增數目項羽」，意思是，范增屢次以目示意，要項羽殺掉劉邦，因此要用身上所佩帶的玉玦，多次舉出來暗示項羽；如果說成，對項羽示意三次，與前面屢次以目示意，語義不協調。所以「三」，以解釋「多次」較為理想。教科書注解「三次」，顯然有些呆板，值得商榷。

（12）㉟君其詳之　請君三思。其，祈使語氣詞。（6-11）

其中「其」，教科書解釋「祈使語氣詞」；依據《王力古漢語字典》解說：

副詞……表示祈使語氣。[63]

因此，「其」是副詞，表示祈使語氣；或者說，「其」，是祈使語的副詞。而教科書說成「其，祈使語氣詞」，詞性不明顯，值得商榷。

---

62 汪中撰：《述學》（臺北市：廣文書局，1970 年），篇 1，頁 2。

63 王叻主編：《王力古漢語字典》（北京市：中華書局，2000 年），頁 59。

四　結語

綜合上述，發現高中第五、六冊教材疑義的部分有四大項：

（一）題解方面：說明應標明清楚。

（二）作者方面：1. 作者生平介紹有誤，2. 作者的著作有誤。

（三）課文方面：1. 標點符號的不當，2. 用字不當。

（四）注釋方面：1. 引用資料有誤，2. 解說不夠完備，3. 解說不當。

筆者從民國八十七年開始，陸續針對所謂的「部編本」教科書提出教材疑義，至今剛好把高中國文六冊全部呈現出來。綜合六冊所提出的疑義，不難發現到：從題解、作者、課文、注釋等方面，處處發現疑義。換言之，編輯教材的工作，每項皆需審慎處理、考證；更重要的是，需要一套設計的原則，例如：題解方面，須闡釋的項目有那些；作者方面，須陳述的部分是什麼；課文方面，節取的文章，應如何呈現；注釋方面，應如何詳加釋義等等。

如果有了設計的原則，遇到難以抉擇的時候，就能順利解決問題。例如，常發現範文的錯別字或標點誤用，如果能確立，範文是學生學習、模仿的典範，因此，凡是作者誤用的字、詞、標點，皆可更改，或者有不方便的時候，也可在注釋時，除了更正，尚可說明理由。如此，比起不聞不問，來得更負責任，不是嗎？

所謂「鑑古知今」，「部編本」已成為歷史，我們可以透過檢討「部編本」，來發展一套編輯教科書的設計原則。不論是廠商或是教師自製教材，能提供編輯的一套原則，相信必能減少錯誤到最低限度；否則，像目前開放的「審訂本」各自為政，彼此間不一致、不協調，甚至共同的誤解，比比皆是。所以，筆者在撰寫期間，領悟到與其指出教材的疑義，倒不如研發一套設計教材的原則更務實、更實

際、更有意義。

　　筆者不揣淺陋，野人獻曝，無非希望能拋磚引玉，深盼教育界同
仁，共同為我們理想的教材，盡一份心力，是為所願。

　　　　　　　——原刊於《建中學報》第七期，二〇〇一年十二月

參考文獻
（以引用先後為序）

1. 教育部國語推行委員會編　《重編國語辭典修訂本》　臺北市　臺
　　灣商務印書館　1998 年

2. 沈延太　《長江三峽》　北京市　人民美術出版社　1994 年

3.（清）紀昀等　《文淵閣四庫全書》　臺北市　臺灣商務印書館　1983 年

4.（宋）文天祥　《文天祥全集》　南昌市　江西人民出版社　1987 年

5. 劉文源編　《文天祥研究資料集》　北京市　中國科學出版社　1991 年

6.（唐）李延壽　《新校本北史》　臺北市　鼎文書局　1999 年

7.（清）張廷玉　《新校本明史》　臺北市　鼎文書局　1999 年

8.（明）王守仁　《王陽明全集》　臺北市　河洛圖書出版社　1978 年

9.（漢）賈誼撰　王洲明、徐超校注　《賈誼集校注》　北京市　人
　　民文學出版社　1996 年

10.（元）高明撰　胡雪岡、張憲文輯校　《高則誠集》　杭州市　浙
　　江古籍出版社　1992 年

11. 段德森編　《實用古漢語虛詞》　太原市　山西教育出版社　1991 年

12. 教育部國語推行委員會編　《重訂標點符號手冊》　臺北市　教育
　　部　1987 年

13.（魏）王弼注　（晉）韓康伯　（唐）孔穎達疏　阮元校　《周易
　　注疏》　臺北市　東昇出版社

14.（漢）桑欽撰　（後魏）酈道元注　（清）王國維校　《水經注

校》　臺北市　新文豐出版公司　1987 年

15.（清）王先謙　《荀子集解》　北京市　中華書局　1997 年

16. 張拱貴、王聚元主編　《漢語疊音詞詞典》　南京市　南京大學
　　出版社　1997 年

17.（後魏）酈道元注，楊守敬、熊會貞疏，段熙仲點校，陳橋驛復校
　　《水經注疏》　南京市　江蘇古籍出版社　1989 年

18.（漢）賈誼撰　（清）盧文弨輯　《新書》　臺北市　藝文印書館
　　1968 年

19.（清）梁玉繩　《史記志疑》　臺北市　藝文印書館　1964 年

20.（戰國）呂不韋等撰　陳奇猷　《呂氏春秋校釋》　上海市　學林
　　出版社　1990 年

21.（漢）許慎撰　（清）段玉裁　《說文解字注》　上海市　上海書
　　店　1992 年

22. 張舜徽　《說文解字約注》　臺北市　木鐸出版社　1984 年

23. 歐紹華編　《常見通假字字典》　廣州市　廣東教育出版社　1996 年

24.（漢）劉熙　《釋名》　臺北市　育民出版社　1970 年

25. 李更新、李迎躍編　《文言疑難辨釋札記》　北京市　中國戲劇
　　出版社　1996 年

26. 王　力編　《中華文化常識》　臺南縣　莊嚴文化事業有限公司
　　1978 年

27. 高文達主編　《新編聯綿詞典》　鄭州市　河南人民出版社　2001 年

28.（梁）蕭統編　（唐）李善注　《文選注》　臺北市　石門圖書
　　公司　1976 年

29. 徐中舒主編　《漢語大字典》　武漢市　湖北辭書出版社　1986 年

30. 趙世舉　《古漢語易混問題辨析》　西安市　陝西人民出版社
　　1989 年

31. 朱啟新著　《文物與語文》　北京市　東方出版社　1999 年

32.（後晉）劉昫等編　《新校本舊唐書》　臺北市　鼎文書局　1999 年

33.（宋）歐陽脩等編　《新校本新唐書》　臺北市　鼎文書局　1999 年

34. 汪　中　《述學》　臺北市　廣文書局　1970 年

35. 王叻主編　《王力古代漢語字典》　北京市　中華書局　2000 年

附錄

附錄一

大考探討
——從國家考試到大考指定考試的省思

一 前言

　　大考中心於民國九十二年九月二十三日到二十六日舉行「九十二年指定科目考試試題評價會」，筆者參加國文科研討會，由於受會議發言時間的限制，尚有未能盡意的地方，因此會後稍作整理，將完整的淺見提供出來；同時最近國家考試發生一些亂象，一併提出淺見，供方家指正。

二 國家考試的問題呈現及解決方法

（一）最近國家考試，發生二次試題的問題

　　1.是今年九月十三日，由世界客屬總會會長劉盛良先生提出抗議，認為國家考試閩南語命題是歧視族群。詳情依據當日 TVBS 的記者王淺秋、高智亮兩位報導：

　　　　臺灣現在流行本土化，連國家考試的題目都出現「閩南語」考題。不過這樣的題目卻引來客屬總會抗議，認為對客家族群不

公平，除了要求考試院立刻停止類似考題之外，客屬總會還將向監察院提出糾舉。閩南語考題有多難懂？一起來看看。一起來考考今年國家考試的國文題目。「目䀛」是什麼意思？答案是「眼眶」。「走叨藏」意思是「哪裡躲」，還有這題「孤不二終網震動」，原來意思是「不得已勉強動一動」。您是不是有點霧煞煞呢？客屬委員會的客家人更是這麼認為。劉盛良：「阿扁要欺負客家人，這些題目客家人哪裡看得懂？這是歧視族群，我們要抗議，要求立刻補正。」客屬委員會成員準備到監察院提糾舉，抗議國家考試以閩南語命題，造成族群上的不公平；而考選部則解釋題目都是命題委員根據專業作決定。考選部高普考司長林光基：「這最主要是命題委員依據他的專業、依他的職權來命題，只不過命題應該顧及整個應考人，儘量避免。」這些閩南語閱讀測驗題目出現在警察特考、港務人員資升考試上，考選部雖然說來年會檢討，但今年的分數並不會考慮重新給分。

國家考試題目以「閩南語」作試題，出現兩次；宣是九十二年交通事業港務人員升資考試，一是九十二年公務人員特種考試第二次警察人員考試。此事經過客屬委員會的抗議，隨後引起國人相當程度地回應與討論。

先看考試院考試委員們兩極化的反應，依據九月十九日聯合報記者林敬殷先生的報導：

國家考試的國文科考題以閩南語發音命題，日前引發客家族群籍立委強烈抨擊，昨天在考試院會上更引發兩派意見激烈討論。部分獨派背景的考試委員表示，以現在一般臺灣人來說，這樣的命題，任何族群應該都看得懂，但反對的人則認為，基

於競爭公平的原則，應慎重考慮。院會最後決議，針對一年內的國文科考題組成專案小組進行檢討。據與會人士指出，兩項考試典試委員長林玉体及陳茂雄認為，以現在一般臺灣人來說，任何族群應該都了解考題意思，陳茂雄認為，以現在一般臺灣人來說，任何族群應該都了解考題意思，陳茂雄更表示，這次的事情是一件不幸的事，外界將矛頭對準考選部及考試院，根本是搞錯對象；國家考試屬於獨立行使職權，外界對此事的討論等於不尊重體制。另一位考試委員張正修表示，這項爭議，追根究柢就是臺灣沒有公共語言法，國內並沒有制定官方語言，大家當然可以各持一套標準；陳茂雄也說，憲法增修條文第十條第十項強調「多元文化」，外界應尊重命題委員及審題委員。原住民血統的考試委員伊凡諾幹則表示，這樣的題目對原住民來說，實在不是很公平。更有考試委員指出，國家考試不是資格考，是具有競爭性，因此，基於競爭公平的原則，應慎重考慮這樣是否妥當。

　　考試委員分為兩派：一派表示試題應受尊重，沒有難解的地方；一派表示試題應尊重公平性，大家都能看得懂才行。看起來是委員們各說各話並沒有達成共識，該問題一時無法解決。一直到九月二十六日考試院正式決議，做出彌補的方案，依據中央記者黃文宗先生報導：

　　　　考試院長姚嘉文下午根據過半數考試委員的連署提案指出，全案將送交下週的考試院會決議，九十二年交通事業港務人員升資考試閱讀測驗「補破網」（五題測驗題，每題兩分，共十分），將不予計分，不會影響已放榜錄取人員權益，其他二十六位落榜考生如達錄取分數，有機會補錄取。已放榜的九十二

年交通事業港務人員升資考試共有一百四十人報名，一百三十二人到考，一百零六人錄取，未來落榜的二十六位考生中，如有因閩南語命題「補破網」不計分而達錄取標準，將予以補錄取，並不影響已錄取者權益。姚嘉文指出，考試院會二十五日已先通過四點共識，即試題之命題應注意：一、不涉意識形態。二、不應有族群、性別之歧視。三、不考艱澀之古文或無關題旨之國學常識。四、不考尚未有標準化或約定俗成之用詞或語音。考試院說，這是具體給社會一個交代。

考試院只針對「九十二年交通事業港務人員升資考試」的閱讀測驗「補破網」處理，但是「九十二年公務人員特種考試第二次警察人員考試」[1]，其中閱讀測驗的「蔡培火詞，咱臺灣」並沒有處理，令人質疑。蔡培火先生的詞《咱臺灣》試題出現：「咱臺灣」中「咱」字意為何？「遠來人客講你水」中，「講你水」三字意思是什麼？而「咱」、「講你水」不是閩南語嗎？同樣是閩南語的試題，為什麼會有差別待遇呢？難道這是考試院所謂的「這是具體給社會一個交代嗎」？考試院能做出彌補的措施值得肯定，但處理不公平，這是難以理解的第一點。另外考試院通過四點共識，也就是試題命題應注意四點：不涉意識形態，不應有族群、性別之歧視，不考艱澀之古文或無關題旨之國學常識，不考尚未有標準化或約定俗成之用詞或語音。從宏觀的角度看問題，這也是值得肯定的地方，不過這其中一、二、四點太過籠統，不夠具體。如果某種方言中有所謂的「約定俗成」的詞語，會不會造成族群歧視呢？會不會涉及意識形態呢？既然是方言，勢必就像這次事件一樣，爆發抗議不斷。因此，要避免問題又必須具體又明確才能一勞永逸，那就是「方言不入題」的命題原則。考試院

1　兩項考試試題，見於考試院網站。

雖然宏觀地處理問題，值得肯定，但是訂出試題的原則不夠明確、具體，這是難以理解的第二點。

2.是今年九月十八日，有立委在立法院指今年地方基層四級特考史地內容偏頗。依據中央社記者林鋒先生報導：

> 親民黨立委秦慧珠今天在立法院指出，參加今年地方基層四級特考的考生向她陳情，這次的特考中的本國史地幾乎成為只考「臺灣史地」，嚴重違反試題公平化原則，考選部與考試院應該向全國考生道歉負責：考試院官員表示，立委與民眾的質疑，考試院三年內一定會檢討。秦慧珠（臺北市）上午在立法院舉行記者會指出，這次的地方基層四級特考中，本國歷史及地理為共同科目，總計竟有八十題的本國歷史，史地各佔四十題，臺灣史就佔了三十七題；四十題本國地理部分，四十題全是臺灣地理，這種偏頗的比重，讓準備本國史地的考生相當錯愕及反彈。她說，日前公務員特種考試出現以閩南語命題的情形，引起客家族群抗議，這次又出現本國史地命題比重偏頗的問題，國家考試的公正立場已經受到衝擊影響。秦慧珠表示，為維護最高考試機構選才功能及形象，考試院及考選部應向全國考生道歉負責，並說明命題分配比例及原因，日後考試院命題不應以意識形態掛帥，真正讓國家考試落實公開、公平化的精神，進而選拔出公正、理性為民服務的公務人員。考試院考選部題庫管理處處長林尚達表示，特考的題目是由典試委員長由眾多的題目中抽出，試題抽出後立即封起來，他不了解題目內容，更無從干涉。考試院一組簡任秘書龔謹表示，如果民眾認為特考內容有問題，三年內一定會檢討。

這是試題配分不平均。造成四十題的本國歷史，臺灣史佔三十七

題，比率是九成多；四十題的本國地理，臺灣地理佔了四十題，比率是百分百。試題的配分應預先規劃好，豈能像題庫管理處處長所說的：「由眾家的題目中抽出，試題抽出後立即封起來」？更令人不解的是，抽出的試題沒有再檢查核對就封起來，難道抽出的試題有九成多的臺灣史，百分百的臺灣地理，比率會如此高是抽出來的嗎？令人不解的第一點。令人不解的第二點，是一組秘書說：「如果民眾認為特考內容有問題，三年內一定會檢討。」發現試題有問題，需要三年內才能檢討，如此的效率，不得不令人難以理解。令人不解的第三點，是從立委舉發至今，考試院沒有對試題的配分作說明，難道真是要到「三年內」才會有所檢討嗎？

（二）從上述兩次國家考試所發生的問題，可以窺出一些現象

一、試題採用方言入題，二、試題的配分不均。同時，並沒有妥當處理及說明。筆者認為要解決此問題，首要訂定「命題原則」，明確規範「方言不入題」、「試題配分比例」等等。

有了明確的「方言不入題」，就不會造成各說各話的現象，能減少紛爭，更不會影響族群融合。有了明確的「試題配分比例」，就不會形成意識形態的問題。可見，能有明確地規範，可以化解不必要發生的問題於無形。訂定「命題原則」的重要性及迫切性是不言而喻的。

考試院最後能以宏觀角度，擬定「試題命題注意事項」是很好的創例，筆者認為這個可以提供大考中心一個好的省思。

三　大考指定考試試題的檢討

　　今年度指定考試的試題，筆者有四點疑義：

　　（一）是多重選擇題的第十九題「下列文句，沒有錯別字的選項是：」其中 E 選項「學生用餐後疑似集體中毒，很多人上吐下瀉，有些人甚至暈厥，不醒人事。」答案是 E 項有錯字。「不醒人事」應為「不省人事」。筆者以為「不醒人事」的「醒」字並未錯字，理由有兩點：

　　第一，依據教育部頒布的《重編國語字典修訂本》[2]解釋「不醒人事」說明：

> 昏迷而失去知覺。《儒林外史》，第十二回：「不想痰病大發，登時中了臟，已不醒人事了。」亦作「不省人事」。

　　第二，另外在明代羅貫中二十四卷二百四十回的《三國志通俗演義》[3]卷七，第三則（袁譚袁尚爭冀州）記載：

> 袁紹聞袁尚敗回，受那一驚，舊病又發，吐血一攤，昏倒在地。劉夫人慌救入後堂，漸漸不醒人事。

　　根據《三國志通俗演義》、《儒林外史》的例子，充分地說明「不醒人事」是有「昏迷而失去知覺」的意思。所以試題 E 選項應該是沒有錯字才對。大考中心的答案值得商榷。

2　教育部國語推行委員會編：《重編國語字典修訂本》（臺北市：教育部，1998 年 4 月）。見文後附圖一。

3　（明）羅貫中撰：《三國通俗演義》（上海市：上海古籍出版社，《續修四庫全書》本，2002 年），第 1790 冊，頁 214。見文後附圖二。

　　（二）是單選第十二題，題幹是「依據下列所引古文，回答十二
至十三題：（唐）太宗令封德彝舉賢，久無所舉。上詰之，對回：「非
不盡心，但於今未有奇才耳。」上曰：「君子用人如器，各取所長。
古之致治者，豈借才於異代乎？正患己不能知，安可誣一世之人？」
十二題題目是：依據內容研判，這段文字最可能出現在：（A）《昭明
文選》（B）《世說新語》（C）《資治通鑑》（D）《人間詞話》。答案是
（C）項目。

　　唐太宗的話是講用人的方法。依據題幹說「依據內容研判」，實
在很難判定是出自《資治通鑑》。筆者假設選項中有《貞觀政要》，答
對的人能有幾位？該試題答對的方法可運用作者排他方。因為《昭明
文選》的作者是蕭統，朝代是梁代；《世說新語》的作者是劉義慶，
朝代是南朝宋；《人間詞話》的作者是王國維，朝代是清代。所以該
題，要考的是作者，很難看出要「依據內容研判」。同時，大考中心
研究員潘莉瑩小姐所寫的《九十二學年度指定科目考試國文科試題分
析》[4]，把該題列入的測驗目標是：「能發展出分類原則，整合、建構
語文資訊。」筆者駑鈍，實在看不出該試題能有這個目標。大考中心
的題幹說明不當，值得商榷。

　　（三）是試題中使用的標題符號的問題。引用到著作的，使用
《》，例如：第六題崔豹《古今注》，第七題《列子‧說符》，第八題
王實甫《西廂記》，第十二題《昭明文選》、《世說新語》、《資治通
鑑》、《人間詞話》，第二十三題《春秋》、《孟子》、《呂氏春秋》、第二
十五題《哈利波特》、《魔戒》，第二十七題《論語》。又引用到單篇的
文章或詩詞，例如，第二題蕭白〈長夏聲聲〉，余光中〈沙田山居〉，
第五題白居易〈與元九書〉，第六題〈箜篌引〉，第九題韋應物〈寄李

───────────────
4　潘莉瑩撰：《九十二學年度指定科目考試國文科試題分析》，當日會議資料，頁 2。

儋元錫〉，第十題陳之藩〈把酒論詩〉，第十四題許常德〈公寓〉，第十六題崔顥〈黃鶴樓〉，岳飛〈滿江紅‧登黃鶴樓有感〉。這兩種使用的書名號，卻不見於我們教育部頒布的《重訂標點符號手冊》[5]裡面，在該書裡面標示書名號是「＿＿＿」，大考中心的試題為什麼不採用呢？話說回來，市面上看到的雜誌、報紙、使用的比比皆是，包括筆者也常使用到，但是身為全國的考試，應該還是要依照規範，依據《重訂標點符號手冊》來使用，再者，國中教材的「標點符號使用法」是依據《重訂標點符號手冊》，如果試題與學生所學的不一樣，試問學生如何適從呢？因此，該試題使用的標點符號值得商榷。

（四）是多重選擇題第二十六題，題幹說：寫作時，運用人類各種感覺可以相通的原理，將某一種感官的感覺移轉到另一種感官上，常能產生新穎的效果。如「好一團波濤洶湧大合唱的紫色」的詩句，即使運用聽覺的動感，來摹寫視覺的形象。下列文句，也採用不同感覺移轉的手法的選項是：很明顯地看出，題幹是說明一種修辭技巧，但是不知道該修辭的技巧名稱是什麼。依據唐松波，黃建霖主編的《漢語修辭辭格大辭典》說明：「移覺（通感）用形象的詞語，把一種感官的感覺移到另一種感官上。換言之，即用描寫甲類感官感覺的詞語去描寫乙類感官的感覺。這種把聽覺、視覺、嗅覺、味覺、觸覺溝通起來的方法，又稱通感。」[6]可知，該題幹所闡釋的修辭方法，就是移覺或稱通感。不知什麼原因，試題不直接點明。這對題幹的完整性是有缺憾的。如果有明確的修辭技巧名稱，這對學生的作答也有直接的助益。因此，該題幹的說明不夠明確，值得商榷。

5　1997 年 3 月臺灣學術網站三版。

6　黃建霖主編：《漢語修辭辭格大辭典》（北京市：中國國際廣播，1987 年 12 月）。

四　對大考中心的建議

　　試題是要對考生負責任，如果稍有差池，皆會影響考生的權益。筆者曾經寫過一篇拙文〈請救救聯考的試題〉[7]，發現八十年度中區五年制專科的國文科試題及八十學年度高雄市、臺灣省公立高級職業學校聯合命題的國文科試題，各有一題答案錯誤，因此筆者在文末建議：「對於聯考的試題，應由教育部成立所謂的『品管單位』來品管試題的正確性，有了正確的試題，才是公平考試的重大保障，事前的防患總比事後補救重要。」如果個人糾正是正確的，試問考生的公平性在何處？權益在那裡？假如能像此次考試院明快處理閩南語試題，不予計分，那也算是遲來的正義。問題是每次發現問題都需要事後補救，那為什麼不在事前做好妥善的防患呢？因此試題由大考中心出，同時試題的品管也應由大考中心負責。那麼，試題的品管是什麼？就是要建立一套命題原則。如果有了命題原則的規範，相信能減少不必要的問題產生，例如：

1. 能規範方言不入題。不僅閩南語不入題，其他的客家語、潮州語等等無皆不能入題，豈有民族歧視的產生呢？
2. 能規範配合比例。史地科大陸、臺灣史地配合平均，就不會產生意識形態的問題。所以就國文科應規範一些命題原則，筆者就規範原則，提出一些基本而又明確的原則如下。

（一）試題範圍須明確指出篇目

　　目前審定本教材所依的《高級中學課程標準》，國文科明白指出

7　劉崇義撰：〈請救救聯考的試題〉，《中國語文》432 期（1993 年 3 月）。

教材範圍從先秦至明清。試問上下縱橫幾千年的文學作品，有範圍等於沒範圍。如此浩瀚的範圍，難怪學生沒有方向感，因此不知如何準備。這個問題產生不在於《課程標準》不好，而是民國八十四年十月十九日頒布的《課程標準》是為了修訂部審本而用的，當時為了開放民間編印教材，把修訂審本所用的《課程標準》，作為開放教材的《課程標準》，於是才埋下了缺憾。因此要補漏缺憾，可行的方法，就是列出基本篇目作為考試的範圍，如果有了明確考試的範圍，對考生而言，準備有方向感，對老師而言，教學才有品質。

（二）白話文、文言文的比例須規範

依據《課程標準》教材從一年級到三年級的文言文的比例，是百分之五十五到百分之七十五，換言之，平均是百分之六十五。因此試題的文言文比列也應符合教材的比例。而今年的指定試題，國文科試題，依據潘莉瑩研究員指出[8]「文言文約佔百分之七十五點八六，現代語文僅佔百分之二十四點一四，與去年指考國文以文言文為主體的情形相同。」因此有基測與指考之分，配合的比例可調整，然而明確的規範，也未嘗不是保障試題的合理性。

（三）修辭的方法須規範項目

依據唐松波、黃建霖主編的《漢語修辭格大辭典》一書，收錄一百五十六個辭格，如此多的修辭方法，這對教學會造成困難。相對地，出題卻海闊天空。國立編譯館主編的《文法與修辭》下冊，列出二十一個辭格，而今年指定考試第二十六題考出「移覺」辭格，不在《文法與修辭》範圍內，試問不規範修辭的方法，學生學習的範圍太

8　潘莉瑩撰：〈篇名〉，《選才通訊》2003 年 8 月號，頁 8。

廣泛了，會造成學習上的困難。因此能規範修辭方法的數量，學生學習就有了明確範圍，出題也能測驗學生的學習成果。

（四）語法系統須規範

今年的指考第二十二題出現「詞性活用」，以前也曾出現「因果關係」的複句等等。有關語法的題目，經常出現，不過語法的現象範圍相當廣泛，例如以複句而言，依據許世瑛先生的《中國文法講話》有十八種，國立編譯館主編的《文法與修辭》上冊，有十三種。就學生而言，應有適當的基本範圍學習，如同修辭方法也應有基本學習的範圍，因此有必要將語法系統作一簡明的綱要，適合學生學習的依據；同時語法的名稱，一併作成統一規範，這對教與學皆有莫大的助益。

（五）排除意識形態的題型

例如，方言不入題，目前坊間的模擬試題，觸目可見方言的詞語；再者方言有些使用擬音的方式，造成本字不清楚。例如前面提過的「講你水」的「水」，楊青矗主編的《國臺雙語辭典》解釋：

漂亮，有人寫「水」，僅是借音亂湊，本字為「婧」。[9]

在本字都不清楚的狀況出題，如何能擔保不出問題呢？如果能明確規範方言不入題，就會避免不必要的紛爭。因此，能規範不必要的意識形態，有助試題的客觀、公平性。

9　楊青矗主編：《國臺雙語辭典》（臺北市：敦理出版社，1996 年 2 月，五版），頁 531。

五　結語

　　《詩經・小雅》有云：「它山之石，可以攻玉。」今天國家考試出現了問題，除了盼望考試院能給予考生公平的待遇外；還希望能從中吸取教訓，杜絕日後問題再發生，這才是處理問題的態度。

　　大考中心舉辦試題檢討會，其用意無非是在試題方面能精益求精。他們的用心值得肯定；同時盼望大考中心除了對試題的疑義，作出負責的回應外，更應從國家考試所發生的問題得到省思，為將來長久打算，擬定一套「命題原則」，規劃公平、客觀、合理的考試制度。

　　當時與會大考中心副主任允諾，他們將會擬定「命題原則」。筆者樂觀其成，相信這對千千萬萬的考生也未嘗不是負責任的展現。

附圖

（一）

教育部國語辭典

	【不醒人事】
注音一式	ㄅㄨˋ ㄒㄧㄥˇ ㄖㄣˊ ㄕˋ
注音二式	bù shǐng rén shì
相似詞	
相反詞	
解釋	昏迷而失去知覺。儒林外史‧第十二回：「不想痰病大發，登時中了臟，已不醒人事了。」亦作「不省人事」。

（二）

士之力。待凍消春暖引兵向北先破袁紹。再得勝之師。來攻荊襄南止之利易如反掌操曰善遂提兵回許都時建安七年春正月也。曹操商議興師。差夏侯惇滿寵鎮守汝南。以拒劉表之勢。遂留曹仁荀彧守許都。盡撥軍馬前赴官渡。商議攻許都之策審配諫曰自舊歲官渡倉亭之敗。軍心未振尚當深溝高壘可以養軍民之力。忽報曹操進兵官渡來攻冀州袁紹曰若候軍臨城下。將至壕邊敵之未易吾自領大將出迎袁尚曰不須父親病體未痊不可遠征兒願提兵前去迎敵紹許之遂使人往青州取袁譚幽州取袁熙幷州取高幹四路同破曹操未知勝負如何

袁譚袁尚爭冀州

袁尚自斬史渙之後意氣自負欲於父顯耀才能不待袁譚等兵至。自引兵數萬便出黎陽。與南軍前隊相迎。張遼當先出馬袁尚血氣方剛挺鎗躍馬來與張遼交鋒戰不三合隔鐙遮攔不住大敗而走張遼一掩尚不能主張急急引軍連夜回冀州袁尚敗回受那一驚舊病又發吐血一灘昏倒在地劉夫人慌救入後堂漸漸不醒人事劉夫人急請審配逢紀就床前寫遺書劉夫人曰袁尚可繼後嗣否紹點頭便教寫遺書紹翻身大叫一聲吐血斗餘而死後有詩曰

累世公卿立大名少年天下自縱橫空留俊傑三千客謾有英雄百萬兵羊質虎皮功莫說鳳毛難膽事難成可憐一種傷心病纔迹相傳兩弟兄

又詩曰

氣欲吞天志不高有謀無斷豈英豪圖王霸業渾如夢。枉害心傷吐血勞

論曰袁紹初以豪俠得眾遂懷雄霸之圖天下勝兵舉旗者莫不假以為名。及臨海黎陽

續修四庫全書　集部　小說類

二一五

二一四

此「繫」非彼「戲」
──為劉海成立真相調查委員會

一　前言

　　今年（民國93年）度大學學科能力測驗，國文科非選擇題，出現「看圖作文」（附圖1），是「描寫與擬想」，說明「下圖中人與蛙的神情、姿態十分有趣，請細細品味後，（一）各以五十字左右之文字描寫他們的神情、姿態，（二）各以一、二句話擬寫他們當下內心之所想。」考完後，各界關心的不是要如何寫？而是該圖受到質疑。

　　經報紙披露指出該圖是古代年畫「劉海戲金蟾」，原本不知出處的大考中心，也間接承認。一直至今似乎各界沒有其他的說法，大考中心也沒有特別作說明，看起來此幅古畫就是「劉海戲金蟾」。不過，筆者認為，出題的大考中心，竟然不知古畫的出處，這是何等的大事，值得深入研究。於是想為古畫成立調查委員會查出真相。

　　盼能藉此拋磚引玉，查明真相，至少要給十五萬名的考生一個交代。

二　大考中心出題的前後

　　二月七日當天考完，透過記者的相關報導，可以了解到大考中心出題的情況。當晚中時晚報修淑芳、朱武智、李怡志報導說：

故宮專家指出，今年學測考的這幅古畫出自何處連故宮專家都認為「實在很難猜」。故宮專家今天中午一拿到考題，可是直呼「太難了」，無法根據片段畫面而推測出這幅畫到底出自何人之手、畫風以及年代。大考中心則說：這幅圖是「劉海戲金蟾，步步釣金錢」的意思，這是中國人過年時會張貼的春節年畫，意思是表示「財源廣進」，畫中的劉海是位仙人。至於此圖出自誰的作品、哪個年代，大考中心也說不清楚。故宮認為，這幅畫給的資訊太少，只能初步判斷是一幅寫意畫，讓他們直覺想到「劉海戲蟾」的畫面，而劉海是很多古畫中的一個畫中人物。故宮推測年代大約在清朝或民初年代，故宮也懷疑，這張畫面可能只是一幅畫的一小部分，也可能是一大捲軸畫的一小片段。

第二天中央記者翁翠萍報導說：

九十三年學科能力測驗今天下午考完，命印題人員下午出闈。闈長楊宏章出闈後表示，外界有人指國文看圖作文出自古畫「劉海戲金蟾」，沒有考生知道正解，其實重點不在題目出處，闈內印題考慮是圖文要清楚，不使考生誤解，國文命題顧問洪國樑說，圖的出處不重要，考的是觀察與表達。世新大學國文系教授洪國樑表示，國文看圖作文「劉海戲金蟾」是從幾幅畫題挑出，保留畫裡六顆圖章讓考生知道是古畫就好，圖的內容不重要，考生怎麼寫都可接受，由於現在年輕人多看漫畫長大，這題看圖作文對學測考生應不難，重要是要學生把日常生活的觀察能力發揮，換成文字組織表達清楚即可。

第三天中國時報記者林志成報導說：

國文科引起社會高度注意的人、蛙對話題目，在闈場內同樣引起熱烈討論，甚至沒有人知道那是一幅「劉海戲金蟾」年畫。國文科命題顧問、世新大學中文系教授洪國樑表示，學測 題目都是事前委託大學教授命題完成，闈場內只從Ａ、Ｂ兩份試題組合出一份題目。當時有幾幅圖畫供選擇，最後決定選出這幅人、蛙對話圖。洪國樑說，闈場內沒有人知道這幅圖畫的歷史典故，選該題的目的是，測驗考生是否具有將圖像轉化成文字的能力。他認為，現在的小孩都在圖像環境中長大，應該要有能力以文字描述日常生活中的現象。

到了二月十日，ＴＶＢＳ的記者張惠民報導說：

其中引發爭議的國文科看圖說故事，「劉海戲金蟾」，閱卷總召強調，這幅圖畫只是給學生一個參考的依據，並不需要詳列出處，因此考生不必擔心。就是這一幅「劉海戲金蟾」，讓所有考生傷透了腦筋。大部分的人不懂出處到底來自哪裡，只能把它當成是有人餓了，想抓青蛙來吃。不過先別擔心，因為國文閱卷老師說，只要內文合乎需求，一樣可以拿高分。國文試題閱卷總召集人何寄澎：「人物是在飢餓的狀態，那麼要去捕抓這隻青蛙，那青蛙有的寫成說牠不知大難將至。」今年國文非選擇題離譜的狀況不多見，讓老師感到欣慰不少。國文試題閱卷總召集人何寄澎：「這個題目本身是讓你看圖神態，它沒有讓你去寫它的典故，我們並不在管它，我們可以內心非常地敬佩它（解出典故的學生），因為他比那個故宮的還厲害。」

經過這幾則的報導，可以很清楚瞭解下列的情形：

第一，大考中心出題前，並不知道這幅古畫的出處。

第二，這幅古畫受外界人士指出是「劉海戲金蟾」。

第三，這幅古畫經故宮專長推測是清朝或民初年代。

第四，「劉海戲金蟾」是年畫，「財源廣進的寓意」。

第五，大考中心在考完後，間接採信古畫是「劉海戲金蟾」。

三 「劉海戲金蟾」年畫不可信

經過外界人士指出及大考中心間接採信，古畫的出處「劉海戲金蟾」，這個真相似乎是被大家接受的，試看清代的木版畫（附圖2），天津民格剪紙（附圖3），以及楊柳清的年畫（附圖4）可以發現到，這些流傳下來的年畫，是兒童手執串錢，騎著蟾蜍；而試題的古畫，是頭髮蓬鬆，赤腳的先生，蟾蜍在前跳著。兩者的情景相去甚遠，這不得不令人懷疑試題的古畫真是「劉海戲金蟾」嗎？

再者年畫的「劉海戲金蟾」，依據國家圖書館館長莊芳榮先生解釋說：

> 吉祥神「劉海」在民間諸神中亦頗具知名度。劉海本名劉操，出家後道號「海蟾子」，人稱劉海蟾。劉海蟾之故事裡，金蟾為三條腿的靈物，因為四條腿的蟾蜍到處都是，三條腿的卻是難得希罕。「劉海戲金蟾，步步釣金錢」，更是民間流傳的俗語，劉海被當作是釣錢撒錢予人的神仙，這種能讓人發財致富的神仙，誰不一拜再拜！[1]

這樣可令人「一拜再拜」古年畫，試題的古畫不知道誰會去拜呢？這也不得不令人懷疑試題的古畫應該不是「劉海戲金蟾」。

---

1 2004 年 1 月的典藏藝術網。

四 「劉海戲金蟾」的前身

（一）五代年初的劉海蟾

「劉海戲金蟾」年畫中的「劉海」是位吉祥神，他的前身是另有來歷。依據明代王世韓的《列仙全傳》：

> 劉玄英，號海蟾子，初品操，事劉守先為相。一日忽有道人來謁，索雞卵十枚，金錢十文，以一文置之几上，累十卵於錢若浮圖之狀。海蟾驚異之，曰：「危哉！」道人曰：「人居榮祿之場，履憂患之地，其危殆甚於此。」海蟾繇此大悟，遁跡於終南山下，丹成尸解，有氣自頂門出，化為鶴，飛衝天。[2]

劉玄英受道人指點，頓悟。得道成仙，後被奉為道教全真道五北祖之一，從此有道仙名氣。

（二）民間的劉海蟾

為何劉海蟾與劉海有何關係？依據祈慶富、金榮振兩位先生考證說：

> 得道的劉海蟾遁迹於終南山、太華山之間，後被奉為道教全真道的五祖之一……劉海蟾在宋時就頗有一點道仙名氣，何元遠的《春渚紀聞》卷三記載……顯而易見，這是道教編造出來的神話。從這個神話可以看出，劉海蟾擠身道仙之列，是在北宋初期，不過尚未獲得正式名稱。宋時有關劉海蟾的傳說已廣為

---

2 袁柯編：《中國神話傳說辭典》（臺北市：華世出版社，1987 年），頁 173、174。

流傳。仁宗慶曆朝登仕的尚青郎李觀，就聲言遊南岳時路過劉海蟾，宋人魏泰《東軒筆錄》還把這件「奇聞」記錄下來。海蟾仙話出於宋，其仙位，定於元。元世祖忽必烈封劉海蟾為「明悟弘道真君」，也有記載說受封於順帝一至正六年。反正經過元皇室御封，劉海蟾名聲大振，世人皆以為海蟾是他的正式名號，其本名「操」已鮮為人知。民間傳說十分顯赫的「八仙」，劉海蟾或居其一，後來為他人取代。劉海蟾雖然沒在「八仙」中佔據穩固的位置，但劉海蟾的故事，卻使他在民間信仰中獨樹一幟，自成一仙。只是其名被分解成兩部分，「海」成單字之名，而「蟾」卻被附會成另一物「金蟾」。[3]

可知，劉海蟾成了民間故事人物，而變成劉蟾，依據清代瞿灝的《通俗篇》記載說：

> 今演劇多演神仙鬼怪，以眩人目。然其名荒誕，張果曰孫果老，及劉海蟾曰劉海戲蟾，此類甚多。[4]

劉海又成為地方戲劇的人物。現存的湖南花鼓劇的人物，一直都有《劉海戲蟾》的劇目可以證明。

（三）明、清古話與文獻資料

至於劉海與蟾如何結緣呢？依據清代孟籟甫的《豐暇筆談》記載：

> 蘇州貝宏文家，世居閶門外之南，貿易為生，累代行善。康熙

3　祈慶富、金榮振撰：〈劉海戲金蟾〉，《商業文化》，1995 年 4 月，頁 51-54。
4　袁柯編：《中國神話傳說辭典》，頁 173、174。

初年，有一不識姓名男子，自稱阿保，踵門清服廝役。見允而收錄之。令其力作，意甚勤謹。月餘給以工值，辭不肯受。時或數日不食不飢，家人輩咸異之。一日令滌溺器，輒翻里滌之。滌畢，旋又翻轉，軟如羊豕之脾，群輩更加驚詫。元夕抱主人之了觀燈於市，人叢中忽失所在，舉家惶急。三鼓始歸，主家大譙讓之。答曰：「今年天下燈俱不盛，唯福建省城燈頗可觀，故抱住賞耳。何遽怒也？」人猶未信之，而徐探其懷，出鮮荔枝十餘枚，置父母前，曰：「請啖之。」因始知其為仙也。又數月，汲井得三足大蟾蜍，以彩繩數尺繫之，負諸肩背，喜躍告人曰：「此物逃去，期年不能得，今尋得之矣！」於是鄉里傳述，以為劉海蟾在貝家，爭往看之，致擁擠不得行。負蟾者舉手謝主人，從庭中冉冉乘空而去。[5]

從此記載，可知劉海蟾與三足大蟾蜍結合，奠定故事的基礎。加上地方戲劇的配合，形成「劉海戲蟾」，或是「劉海戲蟾蜍」，情景如何？明、清初已有出現此類古畫，依據清初褚人穫的《堅瓠五集》記載說：

今畫蓬頭跣足，嘻笑之人，手持三足蟾蜍弄之，曰此劉海戲蟾圖也。直以劉海為名，舉是無有知其名錄之，以資博詞。[6]

明代李曄《六硯齋筆記》記載：

黃越石攜來四仙古像……一為海蟾子，哆口蓬髮，一蟾五色者戲踞其項。手執一桃，蓮花葉，鮮活如生。[7]

5　祈慶富、金榮振撰：〈劉海戲金蟾〉，頁51-54。
6　袁柯編：《中國神話傳說辭典》，頁173、174。
7　袁柯編：《中國神話傳說辭典》，頁173、174。

這是文獻的記載。實際的畫作，清代光緒年間臺南畫家林覺畫一幅「劉海戲蟾蜍」（附圖5），另有明代畫家吳偉畫一幅，題簽「明吳偉畫劉海蟾」（附圖6），兩幅畫作與文獻記載比對，可以了解到：

第一：明代稱為「劉海蟾」到了清代改稱「劉海」。

第二：清代古畫、文獻資料：劉海，蓬頭跣足；手持三足蟾蜍，人物及蟾蜍的狀態一致，皆稱為「劉海戲蟾蜍」。而明代古畫、文獻資料的劉海、蟾蜍狀態不一樣。古畫的劉海沒有哆口，頭髮沒有蓬鬆，手無持東西；文獻資料的劉海哆口蓬髮，手中持一桃、蓮花葉。古畫的蟾蜍在劉海身邊；文獻資料的蟾蜍，跳在劉海頭頂。這兩者的差異甚大，而古畫題名是「劉海蟾」，文獻資料沒有提到題名。

（四）劉海成為散財童子

由於三足蟾蜍是古代道教得到成仙的神靈之屬，於是連帶把劉蟾奉為吉祥的財神。依據葛洪的《抱朴子》記載：「蟾蜍壽三千歲者，頭上有角，頷下有丹書八字。」又據晉人郭璞的《玄中記》記載：

> 蟾蜍生角者，食之壽千歲。

又晉人陸機者《要覽》也記載：

> 萬歲蟾蜍，頭上有角，頷下有丹書八字，名肉芝五月五日取陰乾，以其足畫地，即流水。帶之於身，能避兵。

另見《古今圖書集成‧蟾蜍部》引《陝西通志》說：

> 蟾井在西安府潼縣驪山白鹿觀中，有金色三足蝦蟆，賀蘭先生見之曰：「此肉芝也。」烹而食之，白日升天。

可見，這「金色三足蝦蟆」食之即可成仙，但在百姓眼中，只希望帶

來好運與財運。於是將形成所謂的「劉海戲蟾」，誠然祈慶富、金榮振兩位先生說到：

> 這種「金色三足蝦蟆」，正是劉海所戲的那種「金蟾」，道徒企盼食三色金蟾得道升仙，可世俗百姓對此並無非分之想，他們最希冀的是金蟾帶來好運和源源。在民間崇尚中，三足金蟾是靈，得之可以致富。正是在這種觀念支配下，借一位道仙的法名，取其「蟾」字大加發揮，使產生了劉海戲蟾的故事。[8]

為何又成為「劉海戲金蟾」呢？祁、金兩位先生又補充說明：

> 箇中原因，緣起於點化劉操的道士「累卵疊錢」。「以錢劈為二，擲之而去」，此擲錢本是勸世放棄功名利錄，淡泊修行。可世俗重塑劉海的形象，反其意而行之，把冀土金錢的說教，俗化成禮拜財神的崇高。正是民俗的隨意性，把「擲錢」改造成「撒錢」，形成劉海戲金蟾，步步釣金錢之說，在民間，劉海戲金蟾經常變成「劉海戲金錢」，或曰「劉海撒錢」。[9]

可見民俗的隨意性，把原本具有教化意義的劉海，改為散財的財神，「劉海戲蟾」成為「劉海戲金蟾」，從此民間的吉祥畫為劉海奠定形象，改變造型，由原先的蓬頭跣足的老頭，改變成人人喜歡的善財童子。現在從經傳的木雕、花錢、版畫、年畫、剪紙等等圖畫，清清楚楚看到。

---

8 祈慶富、金榮振撰：〈劉海戲金蟾〉，頁 51-54。

9 祈慶富、金榮振撰：〈劉海戲金蟾〉，頁 51-54。

五 「劉海戲金蟾」應為「劉海繫金蟾」

　　從前段了解到「劉海戲金蟾」的原委，再看看試題的古畫實在相去一段距離。事看明、清的「劉海」，他的外表「蓬頭跣足」與試題古畫很像，但是明、清的「蟾蜍」或在頂上或在手上，與試題古畫不像，而吳偉畫中「蟾蜍」是在劉海蟾的旁邊，與劉海相望，而與試題古畫，劉海追趕「蟾蜍」的情景不同，因此試題的古畫，題名「劉海戲金蟾」實在有不妥的地方。

　　那麼應如何調查真相呢？筆者發現大陸河北師院的民間采風錄，在西元一九八六年十月刊載在《民間文學》，不過它的題目是「劉海繫金蟾」，由劉全發講述，冀利科搜集整理，原文如下：

　　劉海莊位於河北藁城縣南三十里處，提起這個村名，還有一個有趣的故事呢？

　　據說很久以前，村裡有個窮孩子，名叫孫志銀，早年出家為僧，法名劉海。

　　劉海為人忠厚、善良，很得村裡人的喜歡。師父寧遠老和尚，已近花甲之年，經常外出雲遊，寺中錢糧器物，均交劉海掌管，而且格外放心。

　　有一次，老和尚雲遊歸來，見錢糧照舊未動，就問道：「劉海，師父走了這許多日，你和師兄們怎麼維生？」劉海答道：「徒兒只是吃石頭，燒大腿。」

　　老和尚怎能相信，於是便把石頭放在鍋裡，看著劉海把大腿塞進灶中，燒起來。不一會，石頭熟了，但大腿完好無損，老和尚驚叫道：「佛也，佛也。」

老和尚是愛財如命的人，他見劉海會些法術，從此便不發錢糧，終日讓弟子吃石頭。

過了幾日，老和尚繼續外出雲遊。劉海閉目坐禪，想起師父平日教導徒弟們要「出家人以清靜為懷，戒淫惡財慾」，他自己卻收藏了許多金銀財帛，十分貪婪，一氣之下，竟把老和尚積攢了幾十年的「心血」，全扔進了寺院井中。

老和尚歸來，發現財物不見了，心急如火，忙質問劉海：「你，你快說，師父的錢財哪裡去了？」劉海不慌不忙地回答：「師父息怒，弟子遵師父『出家人戒財慾』之言，已將它扔進井中去了！」

「哎呀，氣死我了！」話沒說完，老和尚衝到井口，一頭栽進去撈錢財去了。劉海在井口高喊師父，不見回音。他急中生智，忙找來一根繩子，一頭繫上銅錢，放到井底，喊道：「師父，錢在這裡──」連喊三聲，忽覺繩子一緊，連忙往上拉。只見一隻三條腿的金蟾，叼著銅錢被釣上來，跳到他的頭上。劉海見此情景，哈哈大笑起來，原來老和尚本是金蟾所變，死後方現原形。

劉海死後，村裡人為紀念他，便改村名叫劉海莊，又修了劉海廟，劉海繫金蟾的故事就這樣世世代代流傳下來了。

從上述的采風資料可以看到劉海用繫了金錢的繩子去救師父，結果從井中叼出一隻三條腿的金蟾，最後的畫面停留在金蟾跳到劉海的頭上，劉海哈哈大笑。再看看試題的古畫中劉海與金蟾的情景，是否就是停留畫面的延續呢？

　　試題的古畫，以目前的資料，沒有辦法證明的情形下，筆者認為采風的資料比較能接近古畫的情景，因此與其說「劉海戲金蟾」不如

說「劉海繫金蟾」。

六 結語

宋代張載曾說過:「在不疑處有疑,方是進矣!」筆者不揣淺陋,對大家普遍地認為試題的古畫是「劉海戲金蟾」予以質疑,並出較合理的解說是「劉海繫金蟾」。

在有限的資料下,百分之百地確認是很困難的,因此有必要集合大眾的力量,共同地關心、努力,才有可能將真相釐清。同時不了解的事情,能夠徹底了解,不也是一種成長嗎?

事情的發生在大考中心,因此大考中心責無旁貸,應負起責任,成立真相調查委員會,昭告天下,收集相關資料,研判最合理的、正確的解說。如果人云亦云,那麼真相永遠石沉大海,那又如何能對得起十五萬名的考生呢?

附圖

（一）試題的畫

（二）清代木版畫

（三）天津民俗剪紙

（四）楊柳青的年畫

（五）清林覺的畫

林覺「劉海戲蟾蜍」
（許文龍先生提供）

（六）明吳偉畫劉海蟾

——原刊於《建中學報》第十期，二○○四年十二月

附錄二

未收錄的文章目錄

1. 開放前的省思——現行國文教科書的幾項缺失　中央日報・中學國語文　1998 年 12 月 5 日
2. 誰來把關新教材——以八十八學年高中國文第一冊為例　國文天地第 15 卷第 5 期　1999 年 10 月
3. 高中國文範文提要分析舉例　建中學報　第 5 期　1999 年 12 月

附錄三

作者出版書籍目錄

1. 教學一思　臺北市　文史哲出版社　1987 年 12 月

2. 國中文言文語法教學試探　臺北市　貫雅文化公司　1988 年 11 月

3. 國中古典詩歌散文賞析　臺北市　貫雅文化公司　1992 年 11 月

4. 國中古典詩歌散文賞析續編　臺北市　貫雅文化公司　1994 年 10 月

5. 國中作文方法導論　臺北市　建宏出版社　1996 年 8 月

6. 國語文教與學論集——紀念教學 20 年　臺北市　萬卷樓圖書公司 1998 年 2 月

7. 文言語法基礎篇　臺北市　建宏出版社　1998 年 9 月

8. 語法修辭　臺南市　南一書局　2005 年 8 月

附錄四

作者榮獲獎勵目錄

（一）著作

1. 第 23 屆中國語文獎章
2. 76、78、82 學年度教育部中小學教師人文及社會學科著作獎
3. 80 學年度教育部青年研究發明獎・研究著作獎
4. 77 學年度臺灣省學產基金中小教師研究著作獎
5. 77、82 臺灣省獎勵教育人員研究著作・著作獎
6. 臺北市第 2 屆教育研究成果發表會・實物展示組優選

（二）論文

1. 省第 2、3、4 屆教育學術論文發表會・語文論文獎
2. 84、85 年臺灣省獎勵教育人員研究著作・研究報告
3. 84 年省獎勵教育人員研究著作・專題論文獎
4. 臺北市第 3 屆教育研究成果發表會・論文發表佳作

附錄五

作者編輯學生作品目錄

1. 成長班刊（民族國中 82 至 84 年）
2. 錄影帶（民族國中 82 至 84 年活動紀錄）
3. 成長建中篇（民國 94 至 96 年作品）

跋

　　《教學一思》是紀念教學十年的文集，在序中沈謙老師說到：「特在此拍發幸福的預報：在不久的將來，能見到劉君學與思的更新成果！」如今紀念教學三十年的文集即將付梓，卻無法呈獻給沈老師，內心增添無盡的感傷與思念，然而沈師昔日的鼓勵與指導，永銘於心。

　　回到母校建中服務是我一生的夢想，也是我畢生的榮耀。服務十年撰寫的教學心得，談不上「更新成果」，僅僅是在備課中「發掘問題，解決問題」過程中的記錄而已。

　　高師求學時于大成老師允我在研究所旁聽其課，畢業之際，于師引用清代王文治的對聯，賜與墨寶——「曉研花露臨帖，夜熱蘭膏撿書」，取兩句末兩字「臨帖」、「撿書」的「臨」、「撿」作為個人書齋的名稱；現為紀念教學三十年，取兩句句首「曉研」、「夜熱」作為個人拙著的書名，以示不忘于師的叮嚀與鞭策。

　　至今已服務三十六年多，取其大概，名為三十年。其間教書生涯中，師長的吉光片羽般的箴言，時時提醒我，啟發我，也成為成長的動力。

　　建中前校長崔德禮先生曾說：「本輯乃為其追求進步之記錄，非以文取勝也。」點出教學不進則退的道理。

　　曾昭旭老師曾說：「在崇義身上，我又一次印證了一個道理，就是：率意浪費的聰明實在不如點滴累積的切實。」指出讀書要務實。

　　薛光祖院長題辭「教學相長」，另在跋中吳華陽學長曾說：「若能學不厭而教不倦，守先聖之道，深自惕勵者，同門劉君崇義其人乎！」皆提出教學相長的道理。

　　《國語文教與學論集》是紀念教學二十年的文集，在序中王更生教授曾說：「展念國語文教學之前途，又有無限翹企，特寫厚望於青年賢士也。」明指要為改善國語文教學而努力。

　　陳滿銘教授曾說：「所寫的內容極為廣泛，一一能掌握重點，酌舉實例，作深入淺出的論述，既提供了難得的經驗，也探尋了該走的方向。」明點國語文教學的目標。

　　有了這些珍貴的領悟，在教學的路途上，有如一盞明燈，照亮了前途並且指引我，支持我，才能持續我的教學工作。

　　現在出版《曉研夜薆集》是紀念教學三十年的文集。

　　在母校建中服務，當時李錫津校長，給予教師無限教學空間，讓老師充分盡情地發揮，深受影響，才能潛心研究，李校長現為嘉義市副市長，公務繁忙，並指出：「出版專書，無非希望研發更多、更深刻、更有效的教學參考方略教好學生，教出較為理想的語文程度。」

　　國中時代的恩師，陳光憲教授，雖未直接受教，但課餘的教誨，受益良多，陳師已退休，但身兼教育部多項任務於一身，比起以往更為忙碌，為我寫下：「崇義老師教學之餘，深刻體會『學然後知不足』以及『教學相長』的道理。」

　　在師大進修四十學分班，結識蔡宗陽教授，當時蔡師負責修辭學會，不時地鼓勵、指導我發表論文，並開啟我對修辭研究的大門，蔡師現在身體稍有不適，仍為我鼓勵：「劉氏既知理論，又知實踐、理論與實踐合一，知行並重，才能創造真知灼見，擲地有聲、有口皆碑的學術水平。」

　　李校長、陳老師、蔡教授撥冗為拙著寫序，由衷地感謝外，他們

留下珍貴的箴言，又再次提醒我，啟發我，看來退休之後，未來的教學工作還不能停下來，我不敢再「拍發幸福的預報」，只願將個人「追求進步之記錄」、「點滴累積」如實呈現下一次的十年。

謹誌於民國一○三年元月永和臨撿齋

語文教學叢書 1100003

曉研夜蓺集——建中十年國文教學與研究

作　　者	劉崇義
責任編輯	楊子葳
特約校稿	林秋芬

發 行 人	陳滿銘
總 經 理	梁錦興
總 編 輯	陳滿銘
副總編輯	張晏瑞
編 輯 所	萬卷樓圖書股份有限公司
排 　 版	浩瀚電腦排版股份有限公司
印 　 刷	百通科技股份有限公司
封面設計	斐類設計工作室

發　　行　萬卷樓圖書股份有限公司

　　臺北市羅斯福路二段 41 號 6 樓之 3

　　電話 (02)23216565

　　傳真 (02)23218698

　　電郵 SERVICE@WANJUAN.COM.TW

大陸經銷　廈門外圖臺灣書店有限公司

　　電郵 JKB188@188.COM

ISBN 978-957-739-849-9

2014 年 2 月初版一刷

定價：新臺幣 380 元

如何購買本書：

1. 劃撥購書，請透過以下郵政劃撥帳號：

　　帳號：15624015

　　戶名：萬卷樓圖書股份有限公司

2. 轉帳購書，請透過以下帳戶

　　合作金庫銀行　古亭分行

　　戶名：萬卷樓圖書股份有限公司

　　帳號：0877717092596

3. 網路購書，請透過萬卷樓網站

　　網址 WWW.WANJUAN.COM.TW

大量購書，請直接聯繫我們，將有專人為您服務。客服：(02)23216565 分機 10

如有缺頁、破損或裝訂錯誤，請寄回更換

國家圖書館出版品預行編目資料

曉研夜蓺集：建中十年國文教學與研究 / 劉崇義著.

-- 初版. -- 臺北市：萬卷樓, 2014.02

面；　公分. -- (語文教學叢書)

ISBN 978-957-739-849-9 (平裝)

1.國文科　2.教學法　3.中等教育

524.31　　　　　　　　　　103000897